# 크레도(Credo),
# 나는 믿습니다

크레도,

Credo

나는 믿습니다

사도신경 해설

이성재 지음

좋은땅

## 사도신경

나는 전능하신 아버지 하나님,
천지의 창조주를 믿습니다.
나는 그의 유일하신 아들,
우리 주 예수 그리스도를 믿습니다.
그는 성령으로 잉태되어
동정녀 마리아에게서 나시고,
본디오 빌라도에게 고난을 받아
십자가에 못 박혀 죽으시고,
장사된 지 사흘 만에 죽은 자 가운데서
다시 살아나셨으며,
하늘에 오르시어 전능하신 아버지 하나님
우편에 앉아 계시다가,
거기로부터 살아 있는 자와 죽은 자를
심판하러 오십니다.
나는 성령을 믿으며,
거룩한 공교회와 성도의 교제와
죄를 용서받는 것과 몸의 부활과 영생을 믿습니다.

아멘.

# 차례

# 머리글

미국 캘리포니아주 레드우드국립공원은 세계에서 살아 있는 가장 높고 가장 큰 나무 〈하이페리온〉이 우뚝 서 있습니다.

〈하이페리온〉은 "높은 곳을 달리는 자", "높은 곳에 있는 자"라는 뜻을 갖고 있는데, 이는 그리스·로마신화에 등장하는 〈하이페리온〉이라는 이름에서 따온 명사입니다.

높이가 116m를 넘는 하이페리온은 가장 큰 나무로 등재되어 있습니다. 24층 건물 높이가 84m라고 하니 116m의 높이를 상상해 보십시오. 폭 11m, 둘레가 31m, 부피가 1,591㎡ (버스 약 11대), 무게 1,385t으로 추정된다고 합니다.

같은 캘리포니아주 세쿼이야국립공원에 있는 캔드레이어 트리 (Chandelier Tree)라는 이름이 붙여진 하이페리온 밑둥이는 승용차가 통과할 수 있는 공간이 뚫려 있어 찻길이 나 있습니다.

이렇게 높고 거대한 나무가 그 많은 세월에 온갖 풍상을 겪어오면서도 쓰러지지 않고 우뚝 서 있는 이유가 무엇일까요?

우리 나라의 경우 여름 태풍이 불면 가로수 등 각종 나무들이 뿌리채 뽑혀 쓰러지는 모습과는 사뭇 다릅니다.

뿌리가 무진장 깊이 박혔고 주위의 나무 뿌리들과 서로 얽혀 공생 공존하는 힘의 균형이 결과적으로 〈하이페리온〉이 되는 저력이 되었기 때문에 오늘날까지 쓰러지지 않고 자기 위용을 세계인에게 보여 주고 있는 것입니다.

우리 나라의 대표적 마천루(摩天樓)라고 하면 단연 서울의 롯데월드타워일 것입니다. 123층, 무려 555m의 높이이니 상징성 역시 최고입니다. 이렇게 우뚝 선 빌딩이 온갖 비바람에도 끄덕없이 서 있는 저력 또한 〈하이페리온〉의 원리와 다름 아니게 지상의 건물을 지탱하기 위해 지하 각층 토목공사에 지상 10개 층에 상당하는 시멘트를 쏟아 부어 콘크리트(Concrete) 했을 뿐만 아니라 빌딩 동·북·서쪽 둘레에 20층 건물을 두껍게 붙여 세움으로써 지상 마천루의 견고한 안정성을 지지(支持)하는 지하와 버팀 건물을 특수공법으로 기초(基礎) 했기 때문입니다.

〈교회〉가 그러합니다. 예수님께서 공생애 마무리 단계에서 제자들에게 "너희는 나를 누구라 하느냐?" 하고 물어보셨을 때, 시몬의 대답은 압권입니다. "주는 그리스도시오 살아계신 하나님의 아들이십니다." 이에 예수님은 감격하여 "…나는 너에게 말한다. 너는 베드로(반석)라 내가 이 반석(신앙고백) 위에 '내 교회'(ekklesia)를 세우리니 음부의 권세가 이기지 못하리라"(마 16:13-18, 참조)고 축복하셨습니다.

여기 예수께서 말씀하시는 〈교회〉는 특정한 공간에 서 있는 건물을 말하지 않습니다.

예수님이 '그리스도', 즉 '구원자'라고 고백한 자들의 모임을 〈교회〉라 하셨습니다. 교회를 영어로 처치(Church)라 합니다. 웹스터 사전에 〈교회〉를 "그리스도에게 속한 사람들"이라고 정의하고 있음은 죄인된 인간들이 구원받아 모인 무리를 말하고 있습니다.

이와 같이 〈교회〉는 예수님을 그리스도로 고백한 자들의 모임이지만 〈교회〉의 시작은 사람들에게 있지 않고 삼위일체 하나님께 있습니다. 그래서 예수님은 시몬에게 "이를 네게 알게 한 이는 혈육이 아니요 하늘에 계신 내 아버지시라"(마 16:17)고 하신 말씀이 이를 함의하고 있습니다.

그렇습니다. 〈교회〉는 유기적(Organism) 생명체입니다. 필자는 〈교회〉를 이루는 지체들의 신앙고백이 〈하이페리온〉처럼 뿌리가 깊이 뻗고 주변의 나무 뿌리들과 "서로 연결되고 결합하여(엡 4:16, joined and held together by every joint) 참된 신앙의 열매 맺기를 바라는 마음으로 이 글을 써서 신문에 연재했던 것을 한 데로 묶은 것입니다.

〈교회〉는 세상 안에 있지만 세상에 속하지 않은(in the world of the world) 공동체이며, 동시에 세상과는 전혀 다르지만 세상을 향하는(against the world for the world) 공동체입니다.

그 공동체의 믿음의 뿌리가 성경에서 축약된 〈사도신경〉입니다. 그럼에도 많은 교회들이 예배에서 〈사도신경〉을 배제하거나, 고백하더라도 예배 순서에 있는 경과문 내지는 주문(呪文)처럼 무의미하게 읊조리는 현실이 안타까워 그 깊은 뜻을 나름대로 해석한 것입니다. 그런데 이 졸서를 조일남 담임목사님과 당회가 책으로 엮어 내 주심에 감사하면서도 부끄럽기까지 합니다.

이 졸서(拙書)를 세련되고 깔끔하게 디자인 편집해 주신 조세라 사모님과 문장을 교열(校閱)하고 다듬어주신 홍현희 권사님께 고마움을 표합니다. 그리고 한샘교회 성도 여러분의 사랑에 감사드립니다.

필자는 컴맹(computer, 盲人)입니다. 가족들의 타이핑의 수고와 격려에 특별히 지면을 통하여 "수고해 줘서 고맙다"라 말해 주고 싶습니다.

더불어 지면상 각주(footnote)를 달지 못한 점 독자께 양해를 구하는 바입니다.

이 책을 펼치는 우리 모두가 〈사도신경〉을 심령 깊이 고백함으로써 확고한 신학과 신앙의 건강을 회복하고 영적인 자유를 누리게 되시기를 간절히 소원하며 기도합니다. 뿌리 깊은 '믿음'(Credo)은 넘어지지도 뽑히지도 않고 순교정신으로 압도합니다.

2024년 정월 첫날에
목사 이성재

# 프롤로그

## 사도신경, 뽑히지 않는 신앙의 정수(精髓)

"주는 그리스도(크리스토스, Χριστός : 구원자)이다"(마 16:16 ; 막 8:29). 이 놀라운 고백이 기독교가 믿는 신앙의 초석(楚石)이요 「사도신경」의 핵심 교리이다.

인간의 지성으로는 결코 예수님이 '그리스도'라는 결론에 도달할 수 없을 뿐 아니라, 인간의 탐구로는 이 사실을 발견할 수도 없다. 오직 성령 세례를 받은 자에게 내리시는 구원의 은총이다. 그러므로 「사도신경」은 암기하는 경과문(經過文, Passing word)이 아니라 눈으로 밝히 보고 가슴으로 고백되어지는 신앙 신조이다.

이 신앙 신조를 모든 그리스도인이 믿는 것, 곧 시간과 공간의 경계를 초월해 거룩하고 사도적인 하나의 믿음으로 이 땅의 모든 참 신자를 연합시킨다.

이 신조(信條)는 성경이 가르치는 교리를 간결하게 요약하고, 하나님의 구원 사랑을 일목요연하게 진술하여, 기독교 진리의 핵심을 압축한다. 초대 교회 성도들은 이 신조를 존중했고, 순교자들은 이 신조를 암송하며 목숨을 던졌다. 종교 개혁자들도 예배에서, 그리고 세례 문답을 가르칠 때 「사도신경」을 활용하여 고백케했다.

여러 사람들과 함께, 혹은 홀로 예배하며 신앙 신조를 고백한다는 것은 초대 교회 성도들, 특히 순교자들에게 죽음을 두려워 하지 않는 용기와 희망을 주었던 바로 그 언어로 기독교 신앙의 진리를 밝혔다는 의미이다.

이 사실을 알고 「사도신경」을 대할 때 큰 능력이 역동한다.

"나는 믿습니다"(I belive), 이 신경(라, Credo, 영 Creed)의 두 단어는 인간이 말할 수 있는 가장 강력한 언어 가운데 하나로 영생의 문을 여는 열쇠요, 기독교 신앙의 기초(foundation)이다.

이 「믿음」(Credo / Creed)은 그리스도인들에게 신실함의 핵심이며, 기독교의 시작이다. 우리는 믿음으로 진리를 받아들임으로써 그리스도 안에서 영원한 영생을 발견한다.

그러므로 기독교는 결코 인간의 '신념'(belief)을 믿지 않는다. 기독교는 명제적 진리, 곧 예수님은 그리스도(메시아)시요, 하나님의 유일한 아들이시며, 죄인들의 구주라는 진리를 고백하고 믿는 종교이다.

우리는 인간의 상상으로 빚어낸 그리스도가 아닌 성경이 가르치는 그리스도, 곧 참된 그리스도인들이 대대로 신실하게 믿어 왔던 그 그리스도를 믿는다.

더 나아가 그리스도를 믿는 데 그치지 않고 그분이 제자들에게 가르치신 모든 진리를 전파하고 가르치게 이끄신다(마 28:18-20). 그러나 성경 외에 그 어떤 신조도 있을 수 없으며 '신조가 아닌 그리스도'를 믿어야 한다고 주장하는 사람이나 교단들도 있다. 또 어떤 이들은 교리 없는 신앙을 추구하겠다는 생각으로 「사도신경」을 거부하기도 한다. 하지만 이것은 너무나 위험천만한 주장이다. 교회 공동체에는 성경의 가르침을 간결하게 요약할 필요가 있다. 왜냐하면 성경 진리는 너무나 방대하고 난해하므로 참된 기독교를 인정하고 거짓 교리를 논박하려면 교회 안에 확실한 판단 기준이 마련되어 있어야 하기 때문이다.

그리스도께서는 교리적인 표현을 사용해 사도들에게 자신을 계시하셨다. 가령 그분은 자신을 인자로 일컬으셨고, 요한복음에서처럼 "나는…이다"라는 표현을 거듭거듭 사용하셨다(요 4:26, 6:35, 8:12 등 참조). 이 표현은 불붙은 가시떨기에서 모세에게 밝히신 하나님 자신의 이름과 일맥상통한다.

언필칭 「사도신경」은 시대를 초월한 기독교 신앙의 정수(精髓)이다. 「사도신경」은 "어떻게 해야 구원을 받을 수 있는가?"라는 가장 중요한 질문에 대답해 줄 영광스러운 진리를 가르치고 보호하는 역할을 한다. 일찍이 아우구스티누스(Augustinus, 354-430)는 "우리의 예배에서 가장 천시 받는 것은 사도신경과 주님이 가르쳐 주신 기도문이다"라고 지적하며 경고한 바 있다.

이제 모든 교회는 「사도신경」에 진술된 교리들에 대한 열정을 새롭게 불살라야 한다. 「사도신경」의 모든 '크레도'(Credo, Creed)는 하나님의 백성이 믿고 또 항상 믿어 왔던 진리의 본질과 토대를 간결하게 요약한다. 우리 그리스도인들은 하나로 뭉쳐 성경의 근본 진리 위에 굳게 서야 한다.

참고로 웨스터민스터회의(1643-48)를 통해 작성된 고백서와 대소요리 문답을 우리 장로교회가 받기 훨씬 이전, 이미 초대 교회 때부터 내려오는 삼대 공교회 신경이 있었는데, 그것은 ① 사도신경을 비롯하여 ② 니케아 신경(325)과 ③ 아타나시우스 신경이 있다.

# I

## 크레도(Credo), "나는 믿습니다"

1 나는 전능하신 아버지 하나님,
  천지의 창조주를 믿습니다

# 1. 나는 전능하신 아버지 하나님,
   천지의 창조주를 믿습니다

「교회」를 "예수 그리스도에게 속한 사람들의 모임"이라고 할 때, 과연 이들이 주님의 부르심에 어떤 자세로, 그리고 무엇으로, 어떻게 응답할까? 그 해답이 바로 이들의 「신앙고백」이다. 그래서 「교회」는 근본적으로 신앙을 고백하는 신앙 공동체인 것이다. 예수님의 부르심에 직면했던 모든 사람들이 자신의 신앙을 고백함으로써 주님의 부르심에 응답한다. 그러므로 신앙 고백은 모든 그리스도인의 가장 핵심적인 정체성이라 말할 수 있다. 그런데 주목할 만한 사실은 이 신앙 고백이 은밀한 곳에서 감추어진 채 고백되어지는 것이 아니라 언제나 일차적으로는 주님 앞에서, 그리고 사람들 앞에서 공개적으로 고백되어졌다는 점이다 이는 신앙 고백과 교회 공동체와의 관련성이 세상에 명확하게 드러남을 말하며 이는 고백이 나와 주님과의 관계뿐만 아니라, 그 고백을 공유하는 신앙 공동체와 동일하게 관련되었다는 것을 의미한다. 마태복음 10장 32, 33절에서 예수님은 말씀하셨다. "누구든지 사람 앞에서 나를 시인하면 나도 하늘에 계신 내 아버지 앞에서 그를 시인할 것이요, 누구든지 사람 앞에서 나를 부인하면 하늘에 계신 내 아버지 앞에서 그를 부인하리라." 대부분의 중요 신앙 고백의 장면들이 공개적인 자리에서 이루어졌음을 성경은 밝히고 있다. 한 예로써 혈루증을 앓던 여인을 치유하신 장면에서 예수님은 여인의 은밀한 접촉 후 공개적인 신앙 고백을 요구하시는데, 이 장면을 누가복음 8장 42절은 상세히 밝히고 있다.

 그렇다면 그 신앙 고백의 핵심은 무엇일까? 가이사랴 빌립보에서 시몬 베드로의 고백(마 16:16)을 통해 드러났듯이 예수님은 ① 주(LORD)가 되시고, ② 그리스도(Messiah)이시며, ③ 하나님의 유일한 아들이시다라는 기본적인 신앙 고백으로부터 예수 그리스도 역사의 중요한 부분들을 소개하는 개별적 신앙 고백들, 예를 들어 요한일서 4장 2절의 "이로써 너희가 하나님의 영을 알지니 곧 예수 그리스도께서 육체로 오신 것을 시인하는 영마다 하나님께 속한 것이요"라는 예수 그리스도의 성육신(Incarnation) 교리를 고백하게 되었으며, 결국 복음의 가장 정확한 요약으로 평가받는 고린도전서 15장 3, 4절의 "성경대로 그리스도께서 우리 죄를 위하여 죽으시고 장사 지낸 바 되셨다가 성경대로 사흘만에 다시 살아나사"라는 형식으로 진전되었음을 볼 수 있다. 이는 곧 성경이 가르치고 있는 복음의 핵심 주제인 예수는 누구시며, 그분이 우리 인간을 위하여 무슨 일을 하셨는가가 신앙 고백으로 이어졌고, 나아가 기독교의 정체성에 해당하는 삼위일체 하나님 교리(Doctrine)를 확립하기에 이른 것이다.

그래서 이 신앙 고백은 공개적 성격에 따라 세 가지 유형으로 나뉜다. 첫 번째는 하나님 앞에서의 측면이 강조되는 죄의 고백과 송영(Doxology)에 초점을 둔 신앙 고백(confession)의 유형이고, 두 번째는 세례 시 신앙 고백의 성격으로 교회 공동체 앞에서 신앙을 고백하는 특성(symbol)이며, 마지막 세 번째는 교리와 신앙 수호적 성격이 강조된 세속과 이단 앞에서의 신앙 고백(Doctrine)이 그것이다. 그런데 여기서 한 가지 짚어야 할 또 하나의 사실은 초대 교회가 처했던 역사적 상황이다. 당시 원시 기독교 공동체인 「교회」(Ekklēsia)는 안팎에서 끊임없이 제기되는 유대교와의 심각한 차별에 따른 갈등 관계가 있었다. 이미 성경은 이 사실을 밝히고 있다. 요한복음 9장은 예수님께서 실로암 못에서 맹인된 자를 고쳐주신 기사 말미에 "예수를 그리스도(구속자)로 시인한 자는 (유대교에서) 출교하기로 결의하였으므로 그들을 무서워함이러라"(22절)고 전한다. 눈을 뜬 아들의 기쁨보다 유대 사회에서 매장될 수 밖에 없는 종교적, 사회적 풍토에 그 부모가 갖는 두려움의 반응이 컸음이 이를 말해 준다. 예수를 그리스도, 즉 메시아와 하나님의 아들로 고백하는 일은 유대교와의 직접적인 충돌을 야기하는 신성모독에 해당하는 문제였기 때문이다. 요한복음 12장 42절과 16장 2절의 사건도 동일한 문제였다. 하지만 유대교와의 종교적 갈등이 예수님의 십자가 처형으로 끝날 것이라는 유대교도들의 기대와는 정반대로 기득권 세력들의 모진 박해를 이겨낸 기독교 「교회」는 예루살렘과 온 유다와 사마리아를 넘어 '땅 끝' 세계로 펼쳐져 나아갔다 그리고 드디어 유대교와는 다른 새로운 지평을 열어 당시 무력으로 세계를 지배했던 로마 제국과 당대 정신세계를 지배했던 헬라 사상(Hellenism)을 능히 극복하게 된다. 이는 예수 그리스도를 믿는 지체들의 위대한 신앙 고백이 담대히 있었기 때문이다(롬 10:9-13; 딤전 6:12).

그렇다면 오늘날 대부분의 교회가 왜 「사도신경」(使徒信經)인가? 이 신경에 대한 원래의 명칭은 라틴어 '크레도'(Credo), 즉 "나는 믿습니다"로 시작되는 첫 글자였으며, 오늘날 영어 명칭인 Apostle's **creed**가 유래된 것이다. 가장 오래된 신경으로는 니케아 신경, 아타나시우스 신경, 사도신경, 그리고 사도신경의 원형인 로마 신경이 있다. 사실 기독교의 세 분파(로마가톨릭교회, 정교회, 개신교회) 모두가 공유하는 가장 보편적인 신경은 니케아 신경이다. 그럼에도 우리가 사도신경을 사용하는 것은 로마가톨릭교회의 영향 때문이다. 사도신경은 2세기경 형성되어 공식화되었고, 9세기 칼 대제 이후 교회가 예배에 도입함으로써 전통화되었으며, 루터와 칼뱅 역시 종교개혁 때 이를 그대로 받아들여 오늘에 이르게 되었다. 이처럼 초대 교회로부터 어떤 사람이 그리스도 교회의 일원이 되는 세례식에서, 세례 베푸는 사도(집례자)가 수세자에게 "예수는 누구신가"에 대한 질문으로 이에 응답하고 반드시 믿고 고백해야만 했던 기독교 진리의 핵심을 일목요연하게 정리한 문서가 바로 「사도신경」이다. 그러므로 모든 시대, 모든 교회가, 모든 그리스도인들이 공통적으로 이 진리를 고백했기에 이를—함께 고백하는 이들을 우리는 '가톨릭'(Catholic), 곧 '보편적 몸' 속에 들어가 있다는 것을 의미함—가장 반듯하게 알려 주는 고백이 바로 「사도신경」인 것이다. 참고로 천주교를 가리킬 때에는 반드시 로마+가톨릭교회, 즉 로마가톨릭교로 표기하여 구분한다. 이 「사도신경」의 구조는 복음의 핵심인 예수 그리스도의 구속사적인 예언의 성취인 성육신, 십자가의 고난과 죽음, 부활과 승천, 그리고 영생을 길게 언급하는 한편, 성부 하나님과 성령 하나님을 매우 짧게 소략(疏略)하고 있다. 이는 초대 교회가 형성되는 과정에서 예수님의 신격(神格)과 인격(人格)에 관한 문제가 가장 논란의 대상이 되었기 때문이다.

현재 한국 교회에는 두 가지 사도신경이 병용되고 있다. 어떤 것이 원문에 가까울까? 우선 '전능하신 아버지'의 뜻을 살펴보자.

(옛) "전능하사 천지를 만드신 하나님 아버지를 믿사오며.",
(새) "나는 전능하신 아버지 하나님, 천지의 창조주를 믿습니다."

얼핏 비슷한 문장인 듯 하지만 전혀 다른 뜻으로 해석된다. 결론적으로 새 번역 「사도신경」이 라틴어 버전에 더 정확하다. 가장 큰 차이점으로는 옛 번역은 "전능하사"가 "천지를 만드신"에 연결되어 있고, 새 번역은 "전능하신"이 "하나님 아버지"에 연결되어 있다. 옛 번역은 "전능하셔서 천지를 만드셨다"라고 표현함으로써 전능이 '창조 사역'과 연관되었고, 새 번역은 '전능하신 아버지', 곧 하나님의 전능이 그분의 '아버지 되심'과 연관되었다. 칼 바르트(Karl Barth)는 그의 「사도신경 해설」에서 "'**전능하신**'이라는 개념이 '**아버지**'라는 개념으로부터 그 빛을 받으며……**신적인 능력의 행동은 하나님이 우리 아버지 되심의 계시이다**"라고 해석(解釋)하였다. 우리가 하나님을 '전능하신' 분이라고 할 때, 이 "전능"을 옛 번역으로 고백하면 '하나님의 전능'이 비인격체인 **창조 사역과 연결될 뿐**, 신앙을 고백하는 '**나**'와는 별반 상관이 없는 분이 되고 만다. 단지 객관적으로 뛰어난, 그리고 위대한 능력을 지닌 신(神)

이 될 뿐이다. 그러나 원문과 같이 하나님의 전능이 '우리의 아버지 되심'과 연결되면 "전능하신 하나님이 '아버지시니' 그의 자녀들인 '우리를 위하여' 모든 것을 해 주실 수 있는 전능자"라는 의미의 선언이 되는 것이다. 이 하나님의 능력은 그야말로 자신의 유일하신 아들까지도 우리 인류에게 주시는 대속(代贖)의 은혜로 극명하게 드러난다. 예수님은 이 하나님을 이렇게 가르치신다. "너희가 땅의 악한 자라도 좋은 것으로 자식에게 줄줄 알거든 하물며 하늘에 계신 너희 아버지께서 구하는 자에게 좋은 것으로 주시지 않겠느냐"(마태복음 7:11). 성부 하나님은 당신의 유일하신 **아들**까지도 **우리에게** 주시고 있다. 하나님 아버지의 사랑은 과연 비할 데 없이 무궁하다.

그러므로 성도가 우리 하나님이 세상을 창조하셨다고 믿고 고백할 때, 하나님이 단지 '**과업**'을 이루셨다는 경지를 뛰어 넘어 **하나님은 '나'(자녀)를 위하여** 세상을 지으셨고, **'나'(자녀)를 위하여** 세상을 사랑으로 돌보신다는 확신을 갖게 된다. 하나님께서 지으신 것을 '창조'라고 하고, 창조된 세상을 돌보고 계시는 것을 '**섭리**'(management)라고 할 때, '**창조**', 그리고 '섭리'는 **하나님의 아버지 되심이 이 세상 속에 드러나게 되는 방식**임을 함의(含意)한다. 사도행전 17장 28절 "우리는 그를 힘입어 살며(생명), 기동하며

(활동), 존재하느니라(존재)"는 말씀을 묵상해 보자.

그리스도인은 **하나님을 힘입어** "살고", **하나님을 힘입어** "활동하며", 하나님을 힘입어 "존재"한다. 이것이 성경이 가르쳐 주고 있는 **'창조하신 하나님 아버지께서'** 여전히 세상을 '섭리하고 계신다'는 뜻이다. 성도는 마땅히 "전능하신 하나님 아버지, 천지의 창조주 하나님"이라는 고백에서 **'우리의 아버지를',** 그분의 **'친절하신 손길을 발견'** 한다. **'창조'**하신 주님께서 지금 나의 삶도 **'섭리'**하고 계신 다는 것을 전인격적으로 고백할 수 있는 감격이 바로 여기에 있다. 그러므로 **'창조'**를 믿는다는 것은 그 분에게만 오직 나의 모든 의미가 존재한다라는 고백이다. 이처럼 단어 하나 하나에 숨겨진 놀라운 복음의 정수(精髓)인 「사도신경」을 집중하여 고백함이 은혜이다.

우리는 이 위대한 신앙 고백을 '화석화(化石化)'된 차가운 돌처럼 '내 삶과 그다지 관계없이' 습관적으로, 또는 허울 뿐인 주문(呪文)처럼 흥얼거리고 있지는 않았는지 생각해 보아야 한다. 필자는 새 번역 「사도신경」을 두 눈 부릅뜨고 감사 감격하며 고백한다.

"나는 전능하신 아버지 하나님, 천지의 창조주를 믿습니다. 나는 그의 유일하신 아들, 우리 주 예수 그리스도를 믿습니다. 그는 성령으로 잉태되어 동정녀 마리아에게 나시고, 본디오 빌라도에게 고난을 받아 십자가에 못 박혀 죽으시고, 장사된 지 사흘 만에 죽은 자 가운데서 다시 살아 나셨으며, 하늘에 오르시어 전능하신 아버지 하나님 우편에 앉아 계시다가, 거기로부터 살아 있는 자와 죽은 자를 심판하러 오십니다. 나는 성령을 믿으며, 거룩한 공교회와 성도의 교제와 죄를 용서받는 것과 몸의 부활과 영생을 믿습니다." 아멘.

# II

## 크레도(Credo), "나는 믿습니다"

# 1. 나는 그의 유일하신 아들,
## 우리 주 예수 그리스도를 믿습니다

「사도신경」은 삼위일체 하나님이 참 신(神)이심을 믿는 기독교 신앙 고백이다. 하나님 아버지, 아들 하나님, 성령 하나님을 믿는 신경(信經)으로서 하나님(聖父) 아버지에 대한 고백 다음에 "그의 유일하신 아들, 우리 주 예수 그리스도를 믿습니다"라고 성자(聖子) 하나님을 고백한다. 이 고백은 신약 성경이 가르치고 있는 기독교 신앙의 핵심 교리이다. 특히 예수 그리스도의 전 생애를 하나님의 구속 사역으로 강조하기 위한 이 부분에서 동사의 활용을 두드러지게 특정하고 있다. 즉 잉태되고, 나시고, 고난 받으시고, 십자가에 달리시고, 죽으시고, 장사 지낸 바 되시고, 음부에 내려가시고, 부활하시고, 승천하시고, 심판하러 오실 것이다 등등. 예수 그리스도의 이력서에서 보는 바와 같이 일반 인간과 다르다는 것은 예수님의 삶이 하늘에서 시작하여 다시 하늘로 이어지고 있다는 점이다. 이와 같이 주님의 삶은 인간이었지만 동시에 하늘에 영원한 거처를 두신 하나님 자신의 삶으로 소개되고 있다. 그러므로 「사도신경」의 둘째 고백은 성자의 호칭(주, 예수, 그리스도, 유일하신 아들)과 성자의 전 역사(Prehistory)를 다루고 있다 할 수 있다.

청년 시절에 읽은 〈쿠오바디스, Quo Vadis Domine〉라는 소설을 보면, 당시 로마의 그리스도인들이 네로 황제의 모진 박해 속에서도 감시의 눈을 피하여 서로가 예수님을 믿는다는 것을 확인하는 암호로 땅에다가 '물고기'를 그려보이고는 곧장 지워버리는 장면이 여러 번 묘사된다. '물고기'가 예수 믿는다는 암호가 된 것은 기묘하게도 '물고기'를 뜻하는 헬라어 단어 '익뒤스(ἰχθύς)'를 구성하고 있는 다섯 개의 알파벳이 다섯 개의 중요한 낱말로 이어지는데, 이는 '예수('Ιησοῦς)', '그리스도(Χριστός)', '하나님(Θεός)', '아들(υἱός)', '구주(σωτήρ)'의 머릿글자(Initial)의 집대성이다. '예수, 그리스도, 하나님의, 아들, 구주'로 고백하는 내용이 '물고기'라는 헬라어 낱말 하나에 함축적으로 상징되어 있다는 것이 의미심장하거니와 당시 그리스도인들이 '신앙 암호'(비밀 표시, Symbol)로 '물고기'를 그렸다는 것도 흥미롭다. 그렇다, 이 호칭들이야말로 우리가 해야 할 올바른 신앙 고백의 핵심이다. 그렇다면 이 신앙 고백에 나타난 네 가지 호칭의 의미는 무엇일까?

그에 앞서 '우리'라는 낱말이 갖는 중요한 뜻을 살펴본다. 기독교는 '나' 한 사람의 개인 구원이 중요하다. 그러나 개인 구원에만 관심을 두는 종교가 아님을 성경은 일관되게 변증하고 있다. 타 종교가 개인 '한 사람'에게만 치중한다면 기독교는 언제나 '우리'라는 개념이 '나' 개인을 앞선다. 바로 공동체 의식이다. 같은 신앙을 고백하는 공동체 '우리'의 일원이 된다는 것은 하나님 가정의 한 식구가 되는 것으로서 공동체적 신앙 안에서 성도가 유기적으로 연결되는 것을 의미한다. 「사도신경」은 사도들이 고백한 신경(信經)이다. 이 고백에서 '내'가 아닌 '우리'라는 표현을 쓴 것은 기독교는 한 개인의 체험에서 비롯된 종교가 아니라 사도들의 공동 체험으로 이루어졌다는 것을 전제로 우리에게 증거해 주고 있는바, 그 증거로 열두 제자 가운데 열한 제자가 모두 순교할 만큼 공통적으로 확실한 신앙을 역사에서 보여 주고 있기 때문이라 할 수 있다. 반면, 불교는 한 사람에게 치중하여 천상천하에 유아독존(天上天下 唯我獨尊), 즉 '나' 하나밖에 없다, 이 세상 "나에게는 사랑할 이웃이 없다"는 열반(涅槃)의 세계관을 여실히 나타내고 있다.

한편, 기독교가 "하나님 사랑, 이웃 사랑"(마 22:37-40)임에도 4세기 이집트의 파코미우스(Pachomius, 290?-346)에 의한 수도원 운동은 사막에서의 은둔 수도사들을 고립무원(孤立無援)에 빠지게 만듦으로써 기독교의 경건 추구에서 자기 학대와 자기 공로만 앞세울 뿐 '이웃 사랑'이라는 성경의 대강령을 버리고 말았다. 한 마디로 **"사막에는 이웃이 없었다"**였다. 오늘날의 개인주의, 이기주의도 대동소이한 반예수적 세계관이다. 그래서 사도신경이

가르쳐 주는 바 **"우리"**의 이 고백은 그 자체가 사도적이요 교회적
이다. 왜냐하면 공동체적 체험에 근거해서 우리의 **교회**는 **하나님
사랑, 이웃 사랑**으로 세워졌고, 그 체험에 근거해서 모두가 한 마
음으로 사랑을 고백하고 있기 때문이다.

   예수님 호칭의 첫 번째는, **'그의 유일하신 아들'**이다. 옛 신경
에는 '외아들'이라고 고백했다. 이 호칭 또한 궁금증을 일으킨
다. 헬라어 '모노게네스(μóνογενής)'는 '유일한, 모노스(μóνος)'
와 '종류, 게네(γενής)'의 합성어로 출생을 뜻하기 보다는 유래
(Derivation)를 의미한다. 그런데 똑같은 단어를 요한복음 3장 16
절은 '독생자', 누가복음 7장 12절은 '독자', 히브리서 11장 17절은
'외아들'로 번역하는 등 다양한 표현으로 나타난다. 원어상 중요한
뜻인 유일성(Only)과 독특성(Unique)을 감안해 보면 **'모노게네스'**
는 **그리스도(성자)가 하나님(성부)과의 관계**에서 타인들과 비교해
**'유일하고 독특하다'**는 뜻이므로 **'유일하신 아들'**이라는 호칭이 옳
다. 이렇게 볼 때 영어 흠정역 성경(King James Version)의 "the
only Son(요 3:16)"의 직역에는 원어 해석상 무리가 있음을 알 수
있다. 또한 예수 그리스도의 독특한 출생에 대해서는 다음 3항이
성령 및 동정녀 마리아와 연관되어 있으므로 이에 대해서는 다음
호에 언급하겠다. 한 마디로 우리말의 '독생자', '독자', '외아들' 그

어느 것도 우리말 「사도신경」에 해당되지 않으며, 따라서 "그 외아들"은 "그의 유일하신 아들"이라고 고백함이 옳다.

두 번째는 '주(主)'이다. '주(主)'의 헬라어 '퀴리오스(κύριος)'는 일반적으로 노예가 주인을 향해서, 백성이 왕을 향해서 부를 때 쓰는 호칭이다. 그러나 성경적 의미로 '주'는 ① 절대 충성을 고백한다는 의미에서 쓰인다. 고백하는 우리는 '종'이고 그리스도는 '주인'이시다. 그러므로 절대 충성을 고백하여 '주'라고 부른다. ② 그리스도께서 만유의 소유주 되심을 의미한다. 주님은 역사의 주인이시며 세계를 통치하신다. 교회의 머리되시고 우리는 그분의 소유이다. 그래서 우리는 그리스도를 '주(LORD)'라 고백한다. ③ 구주되심을 의미한다. 우리는 '구원'이라는 말과 함께 '구속(救贖)'이라는 말도 쓴다. 노예를 돈주고 산다는 뜻이며, 이에 지불한 돈을 '속전(贖錢)'이라 한다. 마찬가지로 예수 그리스도께서 십자가에서 우리의 죄를 당신의 피로써 대신 치루시고(代贖) 우리를 사셨다. 우리가 주님을 '구주'라 고백하는 것은, 이와 같이 **주님이 우리를 '구속'**하셨기 때문이다. ④ **신성(神性)**을 의미한다. 예수님은 시험하는 사탄을 향하여 "주 너의 하나님을 시험치 말라"(마 4:7)하시고 물리치셨다. 이 말씀은 신명기 6장 16절 "너희의 하나님 여호와를 시험하지 말라"의 인용어로서 동일한 호칭이 구약은 '여호와'로, 신약은 '주'로 나타난 것을 보게 된다. **히브리인들은 여호와라는 호칭을 극히 절제했다.** 예를 들어 쓰기는 '**여호와**'라고 쓰고 읽기는 '**주(아도나이, Adonai)**'로 읽는다. 그만큼 경건한 선민이었으므로 이방 사람들이 읽도록 성경을 번역할 때에도 '여호와'라고 읽게 해서는 안 되겠다는 뜻에서 **여호와를 '아도나이', '퀴리오스'로** 고쳐 번역하였다. 그런 영향으로 영어 성경도 '주'를 대문자 'LORD'로 번역한 것이다. 그러므로 우리가 예수 그리스도를 향해 '주'라고 부르는 것은 **그의 하나님 되심을 고백함**이며, 이 신앙 고백과 함께 **절대 충성을 다짐**한다는 것을 기억해야 할 것이다.

세 번째는 '**예수**'이다. '예수'는 호칭이 아니라 **이름**이다. 통상 부모가 아기의 이름을 지어준다. 그러나 '예수'는 하나님께서 출생 전에 미리 친히 계시로 지어주신 독특한 이름이다. 동정녀 마리아와 약혼 관계에 있던 요셉에게 주님의 사자가 현몽하기를 "그(마리아)에게 잉태된 자는 성령으로 된 것이라. **아들을 낳으리니 이름을 예수라 하라.** 이는 그가 자기 백성을 그들의 죄에서 구원할 자이심이라 하니라"(마 1:20b-21)는 말씀이 그 증거이다. '예수(Ἰησοῦς, **예수스**)'는 구약 성경 '여호수아'의 음역(音譯)이다. 이 '**여호수아**'는 '**호세아(구원)**'에 하나님을 뜻하는 '**여/야**'를 붙여 "**여호와가 구원이시다**"라는 뜻을 나타낸다. 이 이름이 뜻하는 바대로 하나님의 유일하신 아들이 '예수로' 오셨다는 사실이다. 여기서 '구원(σωτηρία, 소테리아)'이란 이 세상의 모든 잘못된 것으로부터의 회복과 온전하게 함을 의미하는 단어로 **"자기 백성을 그들의 죄에서 구원할 자"**, 즉 예수님의 성육신의 목적을 밝히고 있다. 또한 '**백성(λαος, 라오스)**'은 새롭게 선택될 **하나님의 백성**을 말하며(행 13:48), 우리를 구원하여 예수님의 백성을 만드시는 분은 오직 하나님(요 3:16)이심을 고백하는 것이다.

　네 번째는 '**그리스도**'이다. '그리스도(Χριστός, 그리스토스)'는 히브리어 '**메시아**'로서 그 어원은 **"기름 부음을 받은 자"**란 뜻이다. 구약 시대 이스라엘 가운데 "기름 부음"을 받아 일정한 직임에 봉사하던 이들은 '**제사장**'(출 28:41, 40:15; 레 8:10-13), '**선지자**'(왕상 19:16; 시 105:15), '**왕**'(삼상 24:6; 왕상 19:16; 시 2:2, 18:50, 20:6) 등 세 직분자들이었다. 이 구약의 **"기름 부음 받은 자"**, 곧 **제사장, 선지자, 왕**은 장차 오실 진정한 **메시아=그리스도**에 대한 모형(Type)이었으며, 그 실체는 그리스도의 '**성육신(Incarnation)**'으로 성취되었다. **"오늘날 … 너희를 위하여 구주가 나셨으니 곧 그리스도 주시니라"**(눅 2:11). 이 땅에 오셔서 **"기름 부음 바 된 그리스도"**께서 자신의 몸으로 친히 유일한 **희생 제사**를 드리심으로써 죄인된 우리를 **구원**하셨고(히 9:26, 10:12-14), **"옛적에 선지자**

를 통하여 … 말씀하신 하나님이 … 아들을 통하여 우리에게 말씀하셨으니"(히 1:1, 2), 곧 그리스도께서 선지자로서 이 세상에 계실 때뿐만 아니라, 천상에 계시는 지금도 선지자로서 우리에게 우리의 구속(救贖)에 관한 비밀스러운 경륜과 하나님의 뜻을 계시해 주신다. 이렇듯 **그리스도는 우리의 선지자요 교사**이시며, 나아가 우리를 **통치하시는** 진정한 **왕**이시다(마 2:2, 27:11; 요 18:37). 따라서 **메시아**, 그분이야말로 자신의 사역으로 이 땅에 임한 하나님 나라를 다스리시는 **왕**, 곧 **그리스도** 자신이시다. 이런 까닭에 그리스도를 심문하는 빌라도 총독이 **"당신이 왕이 아닙니까?"**라고 묻자 그리스도께서는 "네 말과 같이 **내가 왕**이니라, **내가** 이를 위하여 **태어났으며** 이를 위하여 **세상에 왔노라**"(요 18:37)고 당당하게 확증시켜 주시기도 한 것이다. 필자는 2천 년 전 빌라도 법정에서 당신이 메시아, 곧 왕이심을 밝히시는 모습을 바라보는 심정으로 겸손하게 영혼의 무릎을 꿇고 하나님의 유일하신 아들 예수 그리스도를 '**우리**'의 '**주**'시요, '**구속자**'이시며, 지고한 '**왕**'이시고, 하나님의 '**유일한 아들**'이심을 믿는다고 고백한다.

그분께서는 여전히 무궁한 사랑으로 택하신 나(백성)를 계시된 하늘의 뜻을 따라 구속(救贖)과 칭의(稱義)와 성화(聖化)로 하나님의 나라를 이루어가신다. 그 크신 은혜에 감격하여 찬송으로 하나님 아버지께 영광을 돌린다. 참으로 이 죄인, 이렇게 은혜로 고백하며 살다가 참회로 변화된 맑은 영혼으로 눈을 감고 싶다.


## 2. 그는 성령으로 잉태되어
   동정녀 마리아에게서 나시고


이천 년 기독교 역사에서 가장 기본적이고 전통적인 교리는 성부, 성자, 성령의 삼위일체 교리(Trinitarian Creed)이다. 이 신앙에서 떠나면 기독교가 아니다. 그러면 전통적인 신앙이란 어떤 신앙인가? 다음 여섯 가지를 준거(準據)로 삼는다. 첫째, 성경의 영감(靈感)됨을 믿는다. 성경은 영감된 하나님의 말씀이요, 변할 수 없는 절대적이며 정확무오(正確無誤)한 유일한 법칙이다. 둘째, 예수님의 신성(神性)을 믿는다. 셋째, 동정녀 탄생을 믿는다. 넷째, 대속(代贖)의 구원을 믿는다. 예수님의 십자가 사건이 단순한 희생이 아니라 우리의 죄를 대신하여 죽으신 제사였음을 믿는다. 다섯째, 예수님의 육체적 부활을 믿는다. 여섯째, 예수님의 재림을 믿는다. 오셨던 예수님, 부활 승천하신 그 예수님께서 장차 다시 심판주로 오실 것을 믿는다. 이상 여섯 가지 신앙 고백을 믿어야 바른 신앙이며, 이를 정통주의(正統主義), 개혁주의(改革主義) 신앙이라 일컫는다. 이제 이 여섯 가지 개혁주의 신앙 중 세 번째 '동정녀 탄생(童貞女 誕生)'에 관한 성경적 의미를 탐구할 차례다.

「사도신경」에서 우리는 예수 그리스도의 탄생을 다음과 같이 고백한다.

(옛) "이는 성령으로 잉태하사 동정녀 마리아에게 나시고"
(새) "그는 성령으로 잉태되어 동정녀 마리아에게 나시고"

예수 그리스도께서 이 세상에 오셔서 어떤 삶을 사시고, 그 삶 가운데 어떠한 일을 하셨는지에 앞서 그분이 이 세상에 오신 일, 즉 '성육신'(聖肉身, Incarnation) 사건을 고백하도록 이끈다. 게할더스 보스(Geehardus Vos)는 그의 저서 「성경신학」(Biblical Theolog)에서 '성육신'을 "선재하시는 메시아가 인간성(Human nature) 안에 들어오시며, 초역사적인 분이 역사의 흐름 속으로 들어오시는" 놀라운 일이라고 표현하였다. 요한복음 1장 14절은 이를 "말씀이 육신이 되어 우리 가운데 거하시매 우리가 그의 영광을 보니 아버지의 독생자의 영광이요 은혜와 진리가 충만하더라"고 기록하고 있는데 이는 주님이 이 세상과 역사

가운데로 오실 때 그가 아주 독특한 방식으로 우리들 가운데 오심을 알려 주는 말씀이다. 예수님의 탄생기사는 마태복음 1장 18절에서 25절과 누가복음 1장 26절에서 38절에 소개되고 있는바, 이를 요약하면, "영원하신 하나님의 유일한 아들(聖子)께서 우리들의 인성(人性)을 취하실 때 그는 성령에 의해서 동정녀 마리아의 몸에 잉태되는 방식을 취하셨고, 따라서 그녀의 몸 안에서 다른 어린 아이들과 같은 방식으로 열 달 동안 자라다가 우리와 같은 몸을 취하시고 그 몸으로 우리가 살고 있는 바로 이 세계에 출생하셔서 우리와 함께 거하셨다"이다. 그래서 일찍이 철학자요, 기독교 호교론자(護敎論者)였던 유스티누스(Justinus, 100-165)는 "어머니가 마리아라면 성령은 로고스"로 보았고, 공인된 로마신조는 "이는 성령을 통해(으로) 잉태되어 동정녀 마리아로부터(에게서) 나시고(qui conceptus est de spiritu sansto, natus ex Maria virgine)"라고 고백하고 있다. 여기 성령 앞의 전치사 de(through)와 마리아 앞의 전치사 ex(from)의 두 기능에 주목할 필요가 있다. 성령에게 쓰인 de는 성령으로부터 출원된 성자의 출생을 말하는 것이 아니라, 성자의 출생에 성령의 어떤 기능이 도구로 쓰였다는 사실을 지시하고 있다. 따라서 이 경우 성령을 성자의 아버지로 보는 것은 부당한 반면, 성자의 출생에 삼위일체 하나님의 동시적 협력사역이 있었음을 보여 주기에는 훌륭한 예가 된다. 그러한 의미에서 교우 암브로시우스(Ambrosius, 320-397)와 그의 제자 아우구스티누스(Augustinus, 354-430)는 성령으로 인한 예수님의 잉태와 출생을 하나님의 영으로부터 해석함으로써 삼위일체론을 전개 발전시킨 훌륭한 신학자로 추앙받고 있다. (*암브로시우스는 삼위일체 찬가(Trinity Chornt), 즉 송영(Doxology)의 창시자로서 그의 찬송이 한국 찬송가 130장에 수록되어 있다.)

이 신학의 성경적 근거가 요한복음 1장과 누가복음 1장이다. 요한복음이 말씀, 곧 로고스(λόγος, 요 1:1)가 그 옛날 모세의 성막 안에 거하셨듯이 이제 그 **"말씀"**이 **"그리스도의 인성 안에 거하셨다"**(요1:14)라고 기록하고 있는바, 이는 로고스가 우리의 몸과 동일한 몸(肉體)을 취하시고 그 몸으로 우리가 살고 있는 바로 이 세계에 장막을 치시고 **우리와 함께 거하셨다**(Immanuel)라고 변증(辨證)하고 있는 것이다. 그리고 누가복음은 성령은 절대로 성자의 아버지가 아니며 영원한 성자이신 아들로 λόγος와 함께 동정녀 마리아의 몸을 **"덮으신 것"**이라고 변증한다(눅1:35). 예수님의 수태고지(受胎告知)에 관한 천사 가브리엘과 동정녀 마리아의 대화를 1장에서 본다. 31절, 천사: "보라 네가 잉태하여 아들을 낳으리니 그 이름을 **예수**라 하라." 34절, 마리아: "나는 남자를 알지(성 관계) 못하니 어찌 이 일이 있으리이까?" 36절, 천사: "성령이 **네게 임하시고** 지극히 높으신 이의 능력이 **너를 덮으시리니** 이러므로 나실 바 거룩한 이는 **하나님의 아들**이라 일컬어지리라." 이 대화를 정리하면, 하나님께서 인류의 죄를 대속하기 위해서는 하나님 자신이 인간이어야 하되 하나님의 공의를 충족시키기 위해서는 흠이 없는 제1 아담의 형상인 완전한 인간이어야 했기에 그분이 인간으로 오실 때 "**성령**께서 마리아의 위에 **임하시고 지극히 높으신 분의 능력**이 마리아 **너를 덮을 것**이며, 낳으실 이는 **하나님의 아들**"이라고 알린 것이다. 여기에서 주목할 점이 마리아는 항상 '**네게**', 즉 대상으로만 나타나고 **성령**은 언제나 주어(主語, subject)로서 나타난다는 점이다. 따라서 마리아는 단순한 도구에 불과한 존재로 "**네가** 임신하고 **네가** 아이를 낳을 것이다"가 아니라 "**성령**이 임하시고, **성령**이 너를 덮을 것이다." 즉 성령이 주격(主格)이 되어 임재하심으로 나타나고 있는 것이다. 여기 **덮다**의 헬라어 '에피스키아세이(ἐπισκιασει)'는 요한복음 1장 14절 "말씀이 육신이 되어 우리 가운데 **거하시매**", 즉 '거주하다'의 헬라어 '스케노(σκηνόω)'라는 동사는 여성명사 '천막' 스켄(σκήνη)'에서 유래되었으며, 이는 하나님의 영광의 신현적(神顯的) 임재를 표현하고자 할 때 사용되던 단어와 같은 뜻이다(출 40:35; 시 91:41; 140:7 참조). 이는 하나님의 강력한 임재가 마리아에게 있고, 그

임재의 결과 그녀는 아기를 잉태하게 되리라는 것이다.

그러므로 두 복음서가 말하는 '하나님의 덮으심', 곧 성육신 (Incarnation)은 하나님께서 육체를 입고 임재하심을 말하며, 그리스도는 '여전히 하나님'이신 채로 인간의 형상을 입으셨다는 것을 의미한다. 다만, 예수 그리스도를 참 하나님, 참 사람이라고 표현할 때 그분은 완전한 인성을 갖춘 인간이셨지만 '인간이 되어버린', 다시 말해 '전락(轉落)해버린' 인간은 아니다라는 것을 말해주고 있다. 그래서 주의 사자가 요셉에게도 "네 아내 데려오기를 무서워하지 말라 그에게 잉태된 자는 성령으로 된 것이라"(마 1:20)고 확언한 것은 마리아의 처녀성을 강조하는 한편, 요셉 자신에게도 천사의 분부대로 결혼할 때까지 순결을 지키도록 무언의 싸인을 준 것이라 할 수 있다(마 1:24-25). 이미 마리아와 요셉 두 사람 모두는 율법에 흠이 없고 동기와 과정에서 모두 하나님과 동행한 삶을 살았음을 성경은 역력히 보여 주는 한편, 성자께서 흠이 없으신 하나님이요, 온전한 제물로 잉태하셨음도 말씀하고 있다.

결론적으로 말해, 성령을 통한 그리스도의 잉태는 동정녀 수태의 원인이며, 따라서 남편의 씨 없이 여자 홀로 잉태할 수 없는 것은 당연한 이치라는 것이다. 그러나 불가능한 이것을 가능케 한

원인이 바로 성령의 역할이며 이것이 하나님의 역사이다. 창조를 믿는 사람은 동정녀 탄생도 믿는다. 왜냐하면 무(無)로부터 만물을 창조하신 하나님께서 성자의 오심을 위해 동정녀 탄생을 예비하셨다고 하는 것은 우리가 결코 믿을 수 없는 불가해(不可解)한 기적이 아니기 때문이다. 그 옛날 갈데아 사람 아브라함은 하나님으로부터 "많은 민족의 조상이 되리라"는 약속을 받았으나 그 약속의 성취는 혈기 왕성한 청춘기가 아니라 그의 나이 백 세, 아내 사라 역시 구십 세, 늙디 늙어 여성의 생리가 이미 50여 년 전에 끊긴 (창 17:16; 18:12-13) 불가능한 상태에 가능케 하셨고, 결국 아들 이삭을 낳게 하셨다(창 21:1-5). 로마서 4장 17절에서 24절은 이 초자연적이며 초역사적인 사실을 이렇게 기록하고 있다. "그의 믿은 바 **하나님은 죽은 자를 살리시며, 없는 것을 있는 것 같이 부르시는 이시니라** … 그가 백 세나 되어 자기 몸의 죽은 것 같음과 사라의 태의 죽은 것 같음을 알고도 믿음이 약하여지지 아니하고 … 그에게 의로 여겨졌다 기록된 것은 아브라함만 위한 것이 아니요 의로 여기심을 받은 우리도 위함이나 곧 **예수** 우리 주를 죽은 자 가운데서 살리신 이를 믿는 자니라."

그렇다! 이 말씀은 '**불가능을 가능케 하시는 하나님의 은혜로만,** '**죽어 있는 태를 여실 수**' 있으며, '**죽은 자를 살릴 수**' 있는 믿음을 가졌던 아브라함이었기에' 그는 '**이삭**의 **출생**'과 '이삭을 죽여 바치

더라도 다시 **살릴 수 있을 것을 믿는 일**'이 **동일**한 것이었음을 보여 준다. 이것은 성도가 죄로 말미암아 죽어 있지만, 부활하신 그리스도 때문에 '능히 살아날 수 있음'을 뜻한다.

한편, 요셉과 마리아는 다윗의 혈통을 이어온 가문(家門, one's family)이라고 성경은 소개한다. 이는 이들이 경건한 인물임을 암시하고 있다. 그러함에도 천사로부터 경이로운 은혜의 알림에 마리아는 "주의 계획 중이오니 말씀대로 내게 이루어지이다"(눅 1:38)라고 감격스럽게, 그리고 겸손하게 이를 받아들인다. 그리고 약속대로 마리아의 몸에 그리스도가 잉태되자 마리아는 "내 영혼아 주를 찬양하며 … 내 구주를 기뻐하셨음은 그의 여종의 비천함을 돌보셨음이라 …"(눅 1:46-48)이라 기뻐 찬송한다. 여기에서 보듯 마리아는 자신이 지극히 인간적이라는 점을 분명히 나타내고 있다. 그러함에도 로마가톨릭교회는 「영원동정녀설」을 넘어 그녀가 예수 그리스도의 십자가 구속 사역 이전에 이미 구원을 경험했다는 이단성을 주장했고, 1854년 12월 8일 교황 비오 9세(Pius IX)는 「무흠잉태설」(Immaculate conception)을 선언하기에 이르렀으며, 나아가 원죄로부터 자유롭게 된 마리아는 당연히 죄의 삯으로의 죽음을 경험하지 않아도 되므로 육체로 하늘로 승천했다는 황당한 교리를 공포하였다. 이것이 1950년 11월 1일 교황 비오

12세(Pius XII)가 공의회를 통해 발표한 「성모승천설」이다. "주의 계집 종이오니 말씀대로 내게 이루어지이다"라고 하나님의 부르심에 아멘으로 응답했던 마리아는 예수님을 잉태하자 "그의 여종의 비천함을 돌보셨음이라"라고 하나님을 찬송했던 순수한 믿음의 어머니였음에도 불구하고, 후대의 교회가 신격화함으로써 우상으로 둔갑시킨 오류를 범한다. 분명 마리아 자신도 원하지 않은 일일 것이다. 그래서 로마가톨릭교회는 교리적으로나 의식제도적(儀式制度的)으로 반성경적 이단 집단인 것이다.

성자 예수 그리스도의 오심은 사람의 방법이 아닌 성령으로 한 여인의 몸을 통해 잉태케 하신 하나님의 특별한 계획에 따라 완전한 인간의 출생까지 충분한 형식을 갖추었기에 우리는 "그분은 성령으로 잉태되어 동정녀 마리아에게서 나셨고"라고 고백하는 것이다. 성탄절(Christmas)의 참된 의미를 여기에서 찾아 경배해야 올바른 명절이 될 것이다. "때가 차매 하나님이 그 아들을 보내사 여자에게서 나게 하시고 율법 아래서 내게 하신 것은 율법 아래에 있는 자들을 속량하시고 우리로 아들의 명분을 얻게 하려 하심이라." 아멘.

# 3. 본디오 빌라도에게(아래서) 고난을 받아

"동정녀 마리아에게 나시고 본디오 빌라도에게 고난을 받아 십자가에 못 박혀 죽으시고" – 「사도신경」은 예수님의 33년 생애를 이렇듯 간단하게 고백하고 있다. 어디까지나 캐리그마적(福音書的) 고백이기 때문이다. 예수님의 십자가와 부활에 초점을 맞추어 거기에 역점을 두고 예수님의 생애를 기록한 것이 복음서이며, 복음서의 이러한 의도에 맞추어 복음서에 나타난 모든 내용을 간단하게 총괄한 것이 사도들이 고백한 「사도신경」이다. 따라서 오늘날의 우리들도 이와 똑같이 신앙을 고백하고 사는 것이 은혜 중의 은혜라고 자부한다. 이제 우리의 신앙이 어떠해야 하는지를 다시 한 번 정비해 보자. 적어도 우리가 이 사도적 전승의 신앙을 지켜나가려 한다면 우리의 신앙 생활에서도 으뜸의 관심이 당연히 십자가와 부활에 있어야 하지 않을까. 예수님의 봉사와 그 놀라운 이적 기사들은 십자가와 부활을 설명하기 위해서 필요한 사건들뿐이었다. 그래서 사도들은 그들의 고백에서 예수님의 3년 간의 공생애를 과감히 생략하고 "본디오 빌라도에게 고난을 받아"로 뚝 잘라 예수님의 고난을 요약한 것이다. 그런데 이 고백을 원래의 의미로 직역하면 "passus sub Pontio Pilato," 즉 "본디오 빌라도 **아래서(sub)** 고난을 받아"이다. '빌라도에게'보다 **'빌라도 아래서'** 즉 치하에서 고난을 받았다는 사실이 의미하는 바가 더 정확할 듯싶다.

예수 그리스도의 사역은 한마디로 '낮아지심'과 '높아지심'이었다 (빌 2:5-11). 그런 면에서 예수 그리스도의 **고난**은 **낮아지심**이다. 더욱이 '만왕의 왕'(King of Kings)이시요, 만 주의 주이신 예수 그리스도가 빌라도 아래서 고난을 받으셨다는 것은 가장 낮아지신 그리스도의 상황을 사실적으로 소개하고 있다고 볼 수 있다. 예수님은 자신이 성육신하신 목적(self-identity)을 스스로 밝히시기까지 하였다. **"인자가 온 것은 섬김을 받으려 함이 아니라 도리어 섬기려 하고 자기 목숨을 많은 사람의 대속죄물로 주려 함이니라"**(막 10:45). 그러나 예수님은 장차 당할 고난을 소개하고 있지는 않지만, 예수님의 고난의 본질이 무엇인지, 고난 받으실 이유가 어디에 있는지는 분명히 알려 주고 계신다. 그것은 **예수님의 오심 자체가 고난의 시작**이고, **오실 목적도 고난을 당하시기 위함**이며, 그럼에도 불구하고 오신 이유는 **우리를 위하여**, 즉 **우리 인간의 죄를 대속하기 위한 제물로 오셨다**는 사실이다. 예수님은 거의 모든 종교 기득권층으로부터 고난을 받았고, 로마 제국의 눈에 정치적으로는 선동자로 비춰졌으며(마 27:11), 제자로부터 배반(마

26:48)과 부인(마 26:70-75)을 당하셨다. 만왕의 왕이신 주님께서 빌라도의 심문을 받으셨고(마 27:11-14), 급기야 **십자가형**으로의 모진 고초를 당하셨으며, **무죄한 분**이 끝내 **죄인의 죽음**을 당하심으로써 **하나님으로부터 버림 받음까지** 경험하셨다(마27:46). 이 모든 고난은 **예수 그리스도**가 인간이므로 받게 되는 고난이 아니라 **인간이 되심으로서 받게 된 고난**이었다. 이와 같이 **예수님의 오심이 고난을 전제로** 오셨고, **오신 목적도 고난 당하시기 위해** 오신 바, **이 고난**은 아픔의 차원에서의 고통이 아니라 죄인을 위해 **속죄의 제물**로 드려짐으로써 받게 되는 **고난**이었다는 점을 다시 한 번 신앙적 자세로 각인시켜야 한다. 그러므로 **예수님의 고난**은 철저하게 **우리를 위한 고난**이었고, **이는 하나님 사랑의 절정이요 극치**이다(요 3:16). 주님께서 낯선 곳 가축의 구유(파트네, φάτνη)에서 비천하게 출생한 것 자체가 고난이요, 만군의 주께서 죄의 형태로 사신다는 것, 무죄하신 분이 날마다 죄인들 사이에서 사신다는 것, 거룩하신 분이 죄로 저주 받은 세상에서 사신다는 것 자체가 고난인 것이다(벌코프).

우리 성도는 **성찬식**에 선 '나'일 때 고난의 참 의미, 곧 한없으신 **하나님의 사랑을 기억**(remember)하는 역사 현장에 있다는 결연한 자세로 빵과 포도주를 받고 있는가, 자성해 본다. 예수님 스스로 "이르시되 이것은 많은 **사람을 위하여 흘리는 나의 피** 곧 **언약의 피니라**"(막 14:24) 소개하시고, 또 " 저녁 먹은 후에 잔도 그와 같이 하여 이르시되 이 **잔은 내 피로 세우는 새 언약**이니 곧 **너희를 위하여 붓는 것이라**"(눅 22:20)고 말씀하신다. 예수님의 고난이 죄인된 나를 위한 고난임을 분명하게 드러내신 모습에서 뼈아픈 마음의 통증을 느낀다.

끝으로 **예수님의 고난**의 의미는 우리에게 **위로**를 주신다. 히브리서는 예수님 자신이 시험을 받으심으로써 고난을 당하셨기에 시험 당하는 자들을 능히 도우신다고 말씀하신다(히 2:18). 사실 고난의 의미 중 이러한 차원은 과거에는 별로 주목을 끌지 않았었다. 그러나 인류는 세계 제1차, 제2차 대전을 비롯한 여러 전쟁과 아픔을 경험하며 인간의 절망과 집단적 범죄 현장에서 신정론(神正論)을 강하게 부각하게 되었다. 그 가운데 **하나님의 고난**, 즉 **십자가 신학**이 새롭게 해석되었다는 점은 괄목할만하다. 과거는 교조적 의미로의 정죄신학(定罪神學)이었다면 소위 집단적 범죄 행위로 인하여 발생되는 무고한 고난의 문제를 통해 고난을 대하는 새로운 신학적 접근을 요구하게 된 것이다. 따라서 하나님은 인간의 고난을 멀리서만 보고 계신 분이 아니라 **인간이 당하는 고난의 현장에 임마누엘로 함께 계신 분**이시며, 고통 당하는 인간과 함께 울고 가슴 아파하여 그 가운데 위로를 베푸시는 새로운 하나님의 상(像)으로 해석될 수 있다. 이는 "그가(예수가) 시험을 받아 고난을 당하셨은즉 시험 받는 자들을 능히 도우실 수 있느니라"고(히 2:18) 하신 말씀을 그대로 적용했다는 의미에서 예수님이 당하신 고난이 무고한 고난을 당하는 수많은 인류에게 가장 큰 힘이 된다. 그런데 이 고난의 한가운데에 **본디오 빌라도**라는 인간이 존재함으로서 예수님의 고난은 구체적이고 역사적이며 사실적인 고난인 것을 웅변으로 말해 주고 있다.

"**본디오 빌라도에게 고난을 받아…**" '본디오 빌라도'는 예수님과 마리아 외에 사도신경에 유일하게 나타나는 '사람'의 이름이다. **본디오 빌라도**(Pontius Pilatus)는 시리아 지방을 다스리던 **총독**이었다. 로마 제국은 당시 세계 패권국가(霸權國家)였다. 로마 본국에는 황제가 있었고, 그 밑에 13명의 총독이 식민지를 대리 통치하는 구조였다. 그 식민지 가운데 시리아(수리아)를 다스리던 총독이 바로 본디오 빌라도(A.D 26-36, 재임)였으며, 유대는 시리아의 한 부분이었다. 시리아 총독부는 가이사랴 빌립보에 위치해 있었으나 유월절을 전후하여 예루살렘에 정치적 소요가 발생할 것이라는 정보를 접한 빌라도는 잠시 예루살렘에 체류하던 중 예수님을 재판하게 되었던 것이다. 또 당시 로마 지배하에 있던 각

국의 왕들은 실권이 없는 허수아비에 불과했으며, 예수님과 기독교 박해에 앞장 섰던 헤롯 왕 역시 예외가 아니었다. **그러므로 "본디오 빌라도에게 고난을 받아"가 아니라 "본디오 빌라도 치하에 고난 받아"가** 바른 번역이다. 식민지의 사형권은 총독에게 있었다. 유대에는 71명으로 구성된 '산헤드린공회'라는 종교, 정치, 사법을 어우르는 기구가 있었다. 유대인의 '최고 권력기구'였으나 로마 식민지 통치 하에서는 죄인의 사형, 집행 판결권을 갖지 못하였다. 이와 같은 권력 관계로 빌라도는 총독으로서 예수님의 재판에 관여하지 않을 수밖에 없었다. 예수님께 고난을 안기고 십자가에 죽게 한 자가 빌라도라고 사도신경이 말하는 이유가 바로 여기에 있다.

그러나 어떻게 보면, **예수님을 십자가에 못 박은 자는 대제사장 가야바였다**(요 18:13). 예수님을 체포하게 한 자도 가야바였고, 예수님을 빌라도 앞에 끌고 가게 했던 자도 가야바였으며, 예수님을 십자가에 못 박도록 주관한 자 역시 가야바였다(마 26:14-16; 27:3). 그런데 이상하게도 **사도신경**에 '가야바'라는 이름은 아예 나타나지 않고, **"본디오 빌라도에게 고난을 받아 십자가에 못 박혀 죽으시고"**라고 고백하게 한다. 왜 그럴까? 분명한 것은 예수님의 **사형 최종 결정권자**가 로마 총독 본디오 빌라도였고, 그의 **이름으로** 이루어졌기 때문이다. 빌라도는 예수님의 무죄하심을 알고 있었다. 그래서 예수님을 풀어주고 싶어 했다. 그러나 일견 예수님께 대한 두려움을 은근히 품고 있었다. 재판 전 날 밤 빌라도의 아내가 상서롭지 못한 꿈을 꾼 이야기가 마태복음 26장 19절에 나온다. 꿈의 내용은 생략되었지만 상황은 이렇다. 아내는 재판정에 있는 남편에게 사람을 보내어 '저 정의로운 사람(예수)에게 상관하지 말라'고 전하면서 "오늘 꿈에 내가 그 사람으로 인하여 애가 많이 탔다"라고 알린다.

그러나 빌라도는 그동안 이스라엘 땅에서 유대인들의 소요(騷擾)와 게릴라의 출몰로 불안한 치안 상황에다가 더욱이 얼마 남지 않은 유월절에 대대적으로 예루살렘에서 소요와 반란이 있을 것이라는 정보도 있고 해서 두려움에 무척이나 고심하다가 아내의 부탁을 묵살하고 대제사장 가야바를 비롯한 산헤드린공회의 사람들과 유대 군중들의 요구에 손을 들어주고 만다. 빌라도는 정치적 욕망이 대단한 자였다. 여타의 총독들이 감히 엄두를 내지 못할 정도의 철권정치로 자기 권역(圈域)을 다스렸다. 인간은 욕망이 지나치면 진실을 잃게 마련이다. 그런 성향을 가진 자의 공통점은 입으로는 '정의'를 외치지만 실제로는 '정의'를 유린하고 교활하기까지 한다. 빌라도가 바로 그런 인물이었다. 무죄하면 정직하게 방면(放免)하는 것이 정의로운데도… 무죄한 사람에게 죄인의 누명을 씌운 후 석방한다는 잔꾀는 곧 범죄 행위이다. 어떤 명분에서도 정당화될 수 없는 악행이다. 이런 잘못된 생각을 가진 빌라도는 자기 꾀에 스스로 걸려든 음모에 빠져들게 되는데, 그것이 바로 유월절 흉악범 방면사건(放免事件)이다(마 27:15-26; 요 18:39-40).

이스라엘에서는 매년 유월절이 되면 백성들의 희망에 따라 죄인 하나를 풀어 주는 관습이 있었다. 빌라도는 이때를 이용하여 예수님을 석방하고자 생각했었다. 그래서 그는 예수님의 죄 없음을, 당연히 풀어 주어야 함을 알면서도 유대인들의 소요와 반란이 두려워 일단 죄인으로 프레임을 씌운 다음에 방면한다는 생각을 했던 것이다. 그러나 원숭이가 나무에서 떨어지는 격이라 할까, 빌라도의 잘못된 생각은 결국 자기 꾀에 스스로 걸려들게 하고 만다. 그는 자신의 정치적 주관으로 어떻게든 교활하게 일을 처리해보고자 했으나 결국은 자신의 음모에 스스로 걸려든 것이다. 빌라도는 유월절에 흉악범 바라바를 예수님과 함께 내세워 시민들의 뜻을 물었다. 그는 사람들이 당연히 예수님을 풀어 줄 것으로 알았던 것이다. 그러나 아뿔싸, 사람들은 바라바를 택하였다. 빌라도의 허가 찔리는 순간이었고, 하나님의 구속 사역은 한 치의 오차도 없이 척척 진행되는 과정이었던 것이다.

우리는 인간적 지혜로 문제를 해결하려 하다가 오히려 자기가 파 놓은 함정에 빠지는 경우를 주변에서 흔히 본다. 빌라도는 크나큰 오류를 범하고 말았다. 본디오 빌라도는 재판을 마치면서 자신의 손을 씻는 '예(禮)'를 행한다. 그리고 하는 말인즉, "이 옳은 사람의 피에 대하여 나는 죄가 없다. 너희가 당하라"(마 27:24). 이 어리석은 사람을 보라! 손을 씻는다고 그 큰 죄가 없어지는 것인가! 빌라도가 예수님을 심문하고 사형을 집행하는 과정에서 입버릇처럼 말한 것이 있다. 그것은 '유대인의 왕'이다(마 27:11; 요 11:35, 37). 빌라도가 예수님을 '유대인의 왕'이라고 강조한 것은 그렇게 해야만 스스로 양심의 가책을 덜 느낄 뿐만 아니라, '유대인의 왕'이라고 해야 정치적 범죄가 성립되고 처형할 수 있는 근거가 될 수 있기 때문이었다.

그는 예수님이 정치적 의미의 '왕'이 아닌 줄 알면서도 끝까지 '유대인의 왕'이라는 정치적 프레임을 씌웠으며, 심지어는 예수님을 매단 **십자가**에도 '**유대인의 왕**'이라 쓴 패를 붙이게 했다(마 27:37; 요 19:19). 이에 대하여 가야바를 비롯한 제사장들은 "그는 우리의 왕이 아니니 '자칭 유대인의 왕'이라 쓰라"고 강하게 요구하지만(19:21), 그러나 **빌라도**는 "나의 쓸 것을 썼다"(22절)라고 하면서 '유대인의 왕'을 우겼다. 이는 '**너희들이 예수가 유대인의 왕이라**

고 했기 때문에 처형할 수밖에 없었다'는 자기 합리화의 속셈이었던 것이다. 이렇듯 빌라도는 예수님의 무죄하심을 알면서도 '하나님의 아들'(마 27:43)이라는 것에 대한 두려움과 총독의 지위에 얽매인 나머지 끝내 예수님을 십자가에 못 박는 죄를 범하고 만다. 내가 살리고 할 때에 예수님을 죽이게 된다는 진리를 결코 잊어서는 안 된다. "본디오 빌라도에게 고난을 받아 십자가에 못 박혀 죽으시고" 이 고백을 할 때, 예수님께서 고난을 받으실 정도로 나약한 분이라고 생각을 가져본 적은 없는가? 결코 그렇지 않다. 앞서 **총독** 빌라도가 예수님께 **"당신이 유대인의 왕입니까?"**라고 물었을 때, 예수님은 거침없이 **"너의 말이 옳다"**(마 27:11)고 대답하셨던 그 당당함은 어디서 비롯된 것이었는가! 예수님께서 빌라도 아래서 받으신 그 고난은 **능동적인 고난**이었다. 예수님께서 겟세마네 동산에서 하산하시는 도중 베드로의 돌발 사태에 대해서 하신 말씀을 묵상하자. "예수께서 베드로더러 이르시되 칼을 칼집에 꽂으라. **아버지께서 주신 잔을 내가 마시지 아니하겠느냐** 하더라"(요 18:11).

아버지께서 주신 **잔**은 곧 **십자가**를 받으심이다. "너는 내가 내 아버지께 구하여 지금 열두 군단 더 되는 천사를 보내시게 할 수 없는 줄 아느냐. 내가 만일 그렇게 하면 이런 일이 있으리라 한 성경이 어떻게 이루어지겠느냐 하시더라"(마 26:53-54). 예수님께서 빌라도에게 고난 받으신 이유, 즉 능동적으로 당신 스스로 죽음을 택하신 이유가 바로 여기에 있다. 그러므로 **예수 그리스도의 고난과 십자가는 주님의 능동적 행위였고**, 하나님께서 우리를 사랑하시는 최고의 구원 선물이다. 이 크신 하나님의 사랑과 그리스도의 은혜로 우리는 모순되고 부조리함과 억울한 고난이 주어지는 환경과 일상 속에서도 **"본디오 빌라도 아래서(치하에서) 고난을 받아"**라고 고백하며 자족(自足, 빌 4:12)할 뿐만 아니라, 고난 뒤에 펼쳐질 부활의 영광을 바라보며 올곧게 살아가도록 이끄시는 성령께 온 마음을 다하여 감사의 찬송을 불러야 한다. 주 당하신 그 고난 / 죄인 위함이라 / 내 지은 죄로 인해 / 주 형벌 받았네 / 내 주여 비옵나니 / 이 약한 죄인을 / 은혜와 사랑으로 / 늘 지켜주소서(찬송가 145장 2절).

# 4. 십자가에 못 박혀 죽으시고

"**본디오 빌라도에게 고난을 받아**"- 하나님께서 예수님의 탄생을 위해 마리아를 택하셔서 성자 예수님의 출생의 도구로 삼으셨다면, 이제 하나님은 예수 그리스도의 죽음을 위해 십자가를 사용하신다. 십자가는 당시 로마 제국에서 중죄인을 처형하는 형틀이었다. 당연히 십자가 형(十字架刑)은 극형 중의 극형이요, 십자가에 매달리는 죄수는 가장 저주 받은 수치스런 죽음을 당하는 자로 받아들여지던 시대였다. 그런데 하나님은 바로 로마 권세의 가장 잔혹한 형틀인 십자가에 '당신의 유일한 아들'을 매달도록 결정하신 것이다. 당시 유대 군중들의 요구에 따라 예수님을 처형하도록 했던 상황(마 27:24-26; 막 15:15; 눅 23:23-25; 요 19:5-16)에서 누가의 표현은 매우 심각하였다. "저희가 큰 소리로 재촉하여 십자가에 못 박기를 구하니 **저희의 소리가 이긴지라** 이에 **빌라도가** 저희의 구하는 대로 하기를 언도하고…예수는 넘겨 주어 그들의 뜻대로 하게 하니라"(눅 23:23-25). 사실 예수님이 지신 십자가 형은 영원 안에서 예정된 하나님의 인류 구원 계획의 표상이었다. 다만 이 모든 일에 대한 책임이 당시 사법과 행정을 관장하는 총독 본디오 빌라도에게 있었는데, 예수님을 넘겨주어 십자가에 처형케 하심으로써 '죄악에 빠져있던 인간 구원을 이루신 역사적 전환'이 되었던 것이다.

이를 갈라디아서 3장 13절은 다음과 같이 증언하고 있다. 이 말씀은 신명기 21장 23하반절의 인용구(引用句)이다. "그리스도께서 우리를 위하여 저주를 받은 바 되사 율법의 저주에서 우리를 속량하셨으니 기록된 바 나무에 달린 자마다 저주 아래 있는 자라 하였음이라"(갈 3:13). 즉 신명기적 이해에서 '나무에 달려 죽는 것'은 '우리 주님께서 나무에서 저주 받은 죽음으로 친히 죽으심으로써 우리(인간)의 죄를 향한 그 무서운 저주(진노)에서 자유하게 하셨다'는 것, 다시 말해 예수님의 십자가에서의 죽으심이 곧 예수님이 이 땅에 오신 목적이라고 성경은 한결같이 말씀하고 있는 것이다(막 10:45). 그래서 「사도신경」은 하나님의 유일한 아들 예수 그리스도께서 "십자가에 못박혀, 죽으시고, 장사되사"라는 고백으로 구원의 핵심 진리를 일깨운다. 예수님은 자신을 비웃는 사람들의 손에 의해 십자가에 못박히셨고, 그 위에서 실제로 숨을 거두셨으며, 그 후에 장사되셨다. 그리고 이 모든 것을 통해 하나님의 계획은 완전히 성취된 것이다. 사도 베드로는 오순절 예루살렘 성전에 운집했던 국내의 순례자들 앞에서 선지자 요엘의 예언이 성취된 사실을 증거한 후, 다음과 같이 외친다. "이스라엘 사람들아

이 말을 들으라 너희도 아는 바와 같이 하나님께서 나사렛 예수로 큰 권능과 기사와 표적을 너희 가운데 베푸사 너희 앞에서 그를 증언하였느니라. 그가 하나님께서 정하신 뜻과 미리 아신 대로 내준 바 되었거늘 너희가 법 없는 자들의 손을 빌려 못박아 죽였으나"(행 2:22-23). 이 말씀에서 분명히 알 수 있는 것은 십자가는 하나님의 뜻과 상관없이 예수님에게 우발적으로 일어난 일이 아니다. 이 일이야말로 하나님의 원대하고 철저한 구원 계획이었다는 사실이다.

그래서 베드로는 "그런즉 이스라엘 온 집은 확실히 알지니 너희가 십자가에 못박은 이 예수를 하나님이 주와 그리스도가 되게 하셨느니라"(행 2:36)고 설파하였고, 이 강설을 듣고 그날에 회개하고 세례 받은 자가 무려 3천 명이 넘었다 사도행전은 기록하고 있다(행 2:37-41). 또 하나님께서는 사도 바울을 통하여 고린도전서 1장 23절, 24절에서 "우리는 십자가에 못박힌 그리스도를 전하니 유대인에게는 거리끼는 것이요 이방인에게는 미련한 것이로되 오직 부르심을 받은 자들에게는 유대인이나 헬라인이나 그리스도는 하나님의 능력이요 하나님의 지혜니라"고 변증한다. 이처럼 베드로나 바울 모두는 예수 그리스도의 십자가의 죽으심을 특별한 의미로 소개하고 있다.

그렇다면 왜 예수 그리스도의 십자가 죽음이 우리에게 복된 소식이 되는가? 예수 그리스도의 십자가의 죽으심은 도대체 무슨 의미를 갖는 사건인가? 어찌하여 하나님은 유일하신 아들을 십자가에서 버리셨는가? 성자이신 예수 그리스도가 십자가에서 죽으심으로 우리에게는 어떤 일들이 주어지는가? 이와 같은 질문이 자연스럽게 대두된다.

첫째, 성경은 **십자가에서의 예수님의 죽으심은 우리의 죄를 위한 죽으심**이라고 말한다(롬 6:10). 여기서 죄를 위한 죽으심이란 죄인된 인간을 구원하기 위한 대속(代贖)의 죽으심, 세상을 향한 기쁨의 좋은 소식 곧 「복음(福音, Gospel)」을 말한다. "죽음의 고난 받으심으로 말미암아 영광과 존귀로 관을 쓰신 예수를 보니 이를 행하심은 하나님의 은혜로 말미암아 모든 사람을 위하여 죽음을 맛보려 하심이라"(히 2:9b). 그렇다. 하나님의 명령을 어긴 죄인이 받게 될 하나님의 공의의 심판을 죄 없으신 예수 그리스도께서 우리를 위해 우리 대신 십자가에 달리심으로써 죄 값을 치르셨다(고후 5:21). 이는 의로우신 하나님께서 인간 대신 예수 그리스도를 화목제물로 삼으심으로써 인간의 죄는 간과되고 예수 그리스도를 믿음으로 의롭다 하심을 얻게 되었다(롬 3:25)라는 선언이다. 요한 신학은 예수님의 십자가 죽음에서 하나님의 사랑이 나타났다고 변증한다. "모세가 광야에서 뱀을 든 것 같이 인자도 들려야 하리니 이는 그를 믿는 자마다 영생을 얻게 하려 하심이니라. 하나님이 세상을 이처럼 사랑하사 독생자를 주셨으니 이는 그를 믿는 자마다 멸망치 않고 영생을 얻게 하심이라, 하나님이 그 아들을 세상에 보내신 것은 세상을 판단하려 하심이라"(요 3:14-17). 요약하면 **십자가**는 하나님의 **공의의 심판**의 자리인 동시에 **죄인을 구원하기 위하여 외아들을 버리신 하나님의 사랑**이 드러난 **계시의 현장**이다.

그러므로 기독교의 모든 신학은 십자가를 중심으로, 십자가에 나타난 하나님의 사랑(구원)의 경륜으로 집약된다. 따라서 예수님의 십자가가 믿음의 강력한 상징이 된 것은 십자가와 부활이 복음의 핵심이요, 이 십자가가 세상 속에서는 수치였으나 궁극적으로는 하나님의 영광이기 때문이라 할 수 있다. 사도 바울은 "내가 받은 것을 먼저 너희에게 전하였노니 이를 **성경대로 그리스도께서** 우리 죄를 위하여 **죽으시고** 장사 지낸 바 되셨다가 성경대로 사흘 만에 **다시 살아나사**"(고전 15:3-4)라고 고린도 교회 성도들에게 **십자가**와 **부활**이 곧 **복음의 핵심**임을 상기시켜 준다. 하나님은 로마 제국의 십자가 위에서 그리스도를 통하여 구원을 이루셨다. 갈보리의 십자가는 세상의 눈에 어리석어 보이고 사람들에게는 걸림돌일지라도 그 위에 흐를 그리스도의 진홍색 핏물에는 구원의 능력이 담겨 있다(참고, 고전 1:23-24). 그래서 바울은 예수 그리스도의 십자가가 없으면 삶 자체가 무가치하다고 고백한다. "그러나 내게는 우리 주 예수 그리스도의 십자가 외에 결코 자랑할 것이 없으니 그리스도로 말미암아 세상이 나를 대하여 십자가에 못박히고 내가 또한 세상을 대하여 그러하리라"(갈 6:14). 바울은 세상을 다 잃어도 그리스도를 얻는다면 그보다 더 큰 영광이 없다고 단언한다(빌 3:7-8). 이렇듯 십자가는 사도 바울의 전부였듯이 십자가는 예수 그리스도 안에 있는 모든 성도들의 참된 영광이다. 그러므로 십자가는 중죄인을 벌하는 형틀이 아니라 영광의 기념비인 것이다. "우리를 사랑하사 그의 피로 우리 죄에서 우리를 해방하시고 그의 아버지 하나님을 위하여 우리를 나라와 제사장으로 삼으신 그에게 영광과 능력이 세세토록 있기를 원하노라. 아멘."(계 1:5b-6).

둘째, **예수님의 십자가에서의 죽으심은 죄인에 대한 하나님의 공의의 심판과 죄인을 구원하시기 위한 하나님의 사랑**이라는 두 관점의 이중적 의미를 지닌다. 하나님은 무한하시고 완전히 거룩하신 신(God)이시므로 죄인된 인간이 하나님 앞에 나아가기란 불가능하며 영원한 심판을 피할 길이 없는 존재다. 하나님은 심판주로서 죄인을 향한 진노의 심판을 발하고 계신다. 구약 시대에는 백성의 죄를 씻기 위해 속죄 제물을 드렸다. 하지만 히브리서는 구약의 속죄 제물이 근본적으로 흠이 있는 것이라고 말하는데(히 7:18-19a), 이는 구약의 희생 제사가 죄와 허물이 많은 인간 제사장이, 인간이 만든 불완전한 장막에서, 인간의 양심에서 지은 죄를, 씻을 수 없는 짐승의 피로 드린 제물이었기에 근본적으로 연약하고, 무익하고, 흠이 있는 것이다. 그러므로 속죄를 위한 희생 제사가 이루어지려면, 근본적으로 ① 제사를 드리는 제사장, ② 제물을 드리는 장소로의 성소와 지성소를 가진 장막, ③ 피 흘려 죽은 제물 등 세 가지 요건을 갖추어야 했다. 이에 신약의 히브리서는 하나님이신 예수 그리스도께서 직접 십자가에서 피 흘려 죽으신 사건으로 말미암아 구약 제사의 세 가지 요건을 완전하게, 그리고 영원히 치르셨다라고 가르치고 있다. 즉 ① 예수님 자신이 죄인들을 위해 희생 제사를 드릴 큰 제사장이셨고(히 7:26-28), ② 하늘에 있는 참 장막이신 예수님이 친히 몸을 입고 강생하셔서 완전한 속죄의 제단이 되셨으며, ③ 예수님 스스로 십자가에서 단번에 드려진 영원히 구속의 효력을 가진 하나님의 정의로운 제물이 되신 것이다(히 9:25-28). 이와 같은 점에서 옛 언약에 대한 새 언약의 우월성이 분명히 드러났다 할 수 있다(참고, 신 12:23). 이 죄스럽고 감사하기 그지없는 예수님의 십자가 위에서 드리신 대속의 은혜를 사도 바울은 "하나님이 죄를 알지 못하신 이를 우리를 대신하여 죄로 삼으신 것은 우리로 하여금 그 안에서 하나님의 의가 되게 하심이라"(고후 5:21)고 고백한다.

십자가의 은혜가 주어지는 신학적 원리의 하나는, 죄인인 인간이 받아야 할 하나님의 심판의 자리에 예수님께서 새 언약의 대표(representation)로 서신 것이라는 원리이고(마 26:28), 둘은, 주님의 죽으심에 우리가 참여함으로써 옛 사람인 우리가 십자가의 피로 죄의 권세와 정죄에서 완전한 자유와 해방을 얻은 새 사람으로 다시 태어났다는 원리이며(고후 5:17), 셋은, 대속(代贖, substitution)으로서 주님이 십자가에서 죄인된 우리의 수의(囚衣)를 벗겨 입으시고 우리를 대신해 죽으심으로써 우리가 치루어야 할 죄의 삯을 온전히 다 지불해 주셨다는 원리이다(롬 4:25). 이상 살펴본 바와 같이 예수 그리스도의 대속의 역사는 하나님의 공의로우심과 사랑을 동시적으로 드라마틱하게 보여준 사건이다. 하나님은 인간의 죄를 그냥 없는 것처럼 취급할 수 없으시다. 왜냐하면 그것은 하나님의 정의(Justice)와 모순되는 일이기 때문에 어떤 방식으로든 죄에 대한 의로운 심판을 행하셔야 하므로 결국 죄인을 의롭게 사랑하는 길, 곧 십자가의 길을 택하신 것이다(롬 3:25-26; 요일 4:10). 그러므로 인류 역사상 최악의 사건을 통해 최선을 이루신 예수 그리스도의–자신의 절대 주권의 영광을 현시(顯示)해 주신–은혜로 거듭난 우리는 "자기를 부인하고 자기 십자가를 지고 그리스도를 따르는 예배자이어야 한다(마 16:24)는 말씀대로 살아야 한다.

**"못박혀 죽으시고 장사된 지"**– 십자가 형의 결과는 죽음 이외의 다른 것이 없다. 그럼에도 불구하고 「사도신경」이 우리로 하여금 고난 당하심과 십자가 형에 이어서 **"죽으시고"**를 고백하게 하는 이유는 예수님의 십자가의 죽음이 단순한 죽음이 아니라 "죄의 삯"(롬 6:23)으로서의 죽음, 다시 말해 예수 그리스도께서 인류의 죄 값을 치르기 위한 죄에 대한 심판의 죽음을 상기시켜 주고 있다는 것이다. 그러므로 이 죽음은 단순히 생명 활동의 정지를 말하는 것이 아니라, 하나님으로부터의 영원한 단절로서의 죽음을 의미한다. **죽으시고 장사된지**에 이어서 **"장사되셨다"**는 말은 죽음에 대한 부가적 표현으로 십자가에서 죽으신 예수님께서 사망과 '음부'(陰府)의 열쇠를 가지고 계신 주권자로 소개된다(계 1:18). 음부로 지칭된 곳은 히브리어 '스올(sheōl)', 헬라어 '하데스(ἄδης)'를 가리키는 것으로 **'죽은 자들이 거하는 영역'**을 말하는데, 베드로는 다윗의 시(시 16:10)를 소환하여 오순절에 강설하기를 다윗이 자기 자신이 아닌 그리스도를 미리 바라보고 노래했다고 변증한다(행 2:29-31). 즉 그리스도께서는 죽어 무덤에 장사되고 영으로 죽은 자들의 영역(하데스)에 들어가셨지만, 버림 당하지도, 육신이 썩지도 않으시고 죽은 자 가운데서 다시 살아나셨기 때문이라고 증거한다. 장 칼뱅(Jean Calvin)은 예수님의 음부행을 가장 낮아지신 차원(빌 2:8)과 죽음의 권세에 대한 승리의 차원으로 가르치고 있다(제네바 요리문답 66, 67, 70). 또한 칼뱅은 「기독교강요」에서 음부에 관한 논의를 다음과 같은 말로 맺는다. "그러므로 그리스도께서는 마귀의 권세와 죽음의 두려움과 지옥의 고통과 친히 맞싸우심으로써 그것들을 이기시고 개선하셨으며, 그리하여 우리는 지금 죽음을 당한다 할지라도 우리의 왕께서 이미 삼켜버리신 그것들을 두려워하지 않게 된 것이다"(참고, 벧전 3:22).

결론적으로 "못박혀 죽으시고 장사된 지"- 이 고백은 선교적 사명을 띤 우리 그리스도인에게 있어서 기독교적 희망의 근거가 된다. '하나님의 선교(Missio Dei)'는 두려움으로부터 출발하는 것이 아니라 **십자가의 사랑**과 **구원의 감사**와 주님께서 분부하신 **지상명령**(至上命令, 마 28:18-20)으로부터 출발한다. 이 출발점에 우리가 다시 서야 하나님의 나라는 이루어진다는 것을 명심하고 실천하자. **십자가를 질 수 있나 주가 물어 보신다**(찬송가 461 장).

# 5. 사흘 만에 죽은 자 가운데서
## 다시 살아나셨으며

기독교의 복음(Kerigma)은 그리스도의 십자가(낮아지심, humiliation)와 부활(높아지심, exaltation)로 구성되어 있다. 십자가(자기 비하, 卑下)는 부활로 완성되고, 부활(승귀, 昇貴)은 십자가를 전제로 한다. "예수는 우리가 범죄한 것 때문에 내어 줌이 되고 또한 우리를 의롭다 하시기 위하여 살아나셨느니라"(롬 4:25)고 하신 이 말씀은, 예수 그리스도께서 십자가 위에서 죽으심으로써 우리의 죄를 대속하셨고, 그가 다시 살아나심으로써 우리의 의(義)가 회복되었음을 온 천지에 알리는 강력한 메시지이다. 그래서 「사도신경」은 우리로 하여금 **"장사된 지 사흘 만에 죽은 자 가운데서 다시 살아나셨으며"**라고 고백하게 하신다. 이는 예수 그리스도의 **부활이 십자가에 대한 답변**임을 말해 준다. 예수님은 인간 한계로서는 도저히 견디지 못할 참혹한 극한 상황의 십자가 위에서 "어찌하여 버리셨나이까?"(마 27:46b)라는 절규의 질문을 하나님 아버지를 향해 던지셨다. 이 질문에 대한 하나님의 응답이 바로 부활(復活)이다. 하나님은 예수 그리스도를 버리지 않으셨고, 부활을 통하여 하나님의 아들 되심을 확증해 주신 것이다.

그러므로 예수 그리스도의 부활은 그 분이 진정 누구시며, 무슨 일을 이루셨는지에 대한 가장 확실한 답변이 되는 것이다. 따라서 부활은 기독교 신앙의 초석(礎石)이요, 그래서 기독교를 가리켜 〈부활의 종교〉라고 한다.

　그렇다면, 과연 '부활'이란 무엇인가? '부활'은 한자로 "다시 부, 復"(회복할 '복'으로 주로 씀)자와, "살 활, 活"자의 합성어로, 그 뜻은 "다시 살아나다", 곧 헬라어 '아나스타시스'(ἀνάστασις), "일어나다", "깨어나다"이다. 성육신하신 예수님께서는 공생애를 마무리하시면서 메시아로서 불원간 당할 고난을 예고하시는 가운데 죽음과 부활을 네 차례나 언급하셨다(마 16:21, 17:22-23, 20:17-19, 26:1-5). 그리고 아담의 후손인 많은 죄인들을 대신하여 저주와 죽음의 형벌을 대신 받으심으로써 하나님의 공의를 온전히 충족시켜 주셨고, 나아가서 인류를 향하신 하나님의 놀라운 사랑의 비밀(뮈스테리온, μυστήριον)을 〈부활〉로서 확증시켜 주셨다. 인류가 가지고 있는 기록 중 **예수의 부활**을 언급하고 있는 것은 오직 **성경**뿐이다. 그래서 예수 그리스도의 '부활'은 성경을 떠난 다른 자료를 통하여 검증할 수 없다. 이 성경만이 그리스도의 '부활'을 역사적 사실성(歷史的 事實性) 위에 기록하고 있다.

그래서 '부활'에 관한 첫 자료가 되는 성경 고린도전서 15장 4절 이하에 **"장사 지낸 바 되셨다가** 성경대로 **사흘 만에 다시 살아나 사"**라고 진술하고 있는 것이다. 우리는 이를 「사도신경」을 통해 "장사된지 사흘 만에…"라고 고백한다. 여기 '사흘'은 어떠한 의미를 담고 있는 것인가? 성경은 이 부활의 시간을 고린도전서 15장에서 는 **부활하신 그리스도의 현현(顯現)**의 시간으로, 그리고 요한복음 20장 1절에서는 **"안식 후 첫 날"** 빈 무덤이 발견된 날로 기록하고 있다. 두 본문 모두 예수님께서 십자가에 달리신 금요일부터 시작하여 삼 일째 되는 일요일로 계산하고 있다. 그리고 본문을 보면 **"사흘"** 앞에 **"성경대로"**라고 수식함으로써 예수님의 부활이–구약에 예언되었던 말씀이–성취되었음을 분명히 진술하고 있다. 주전 710년 전, 북 이스라엘의 선지자 호세아는 6장 2절에 "여호와께서 이틀 후에 우리를 살리시며 제삼 일에 우리를 일으키시리니 우리가 그 앞에서 살리라"고 예언했던바, 유대교 랍비들은 이를 죽은 자들의 부활을 예언하는 말씀으로 이해하였다.

호세아에 앞섰던 선지자 요나가 바다에 던져져서 삼 일 밤낮을 물고기 뱃속에 있었다(욘 1:17)는 기록을 예수님은 마태복음 12장 40절에서 주님 자신의 부활의 유형과 연결시켜 "요나가 밤낮 사흘 동안 큰 물고기 뱃속에 있었던 것 같이 인자도 밤낮 사흘 동안 땅

속에 있으리라"라고 말씀하신다. 죽음이 삼켜버린 요나의 사흘 동안 물고기 뱃속에서처럼 예수님은 음부의 권세에 사흘 동안 사로잡혀 있을 것이라고 예언하셨던 대로 십자가에서 인류 구원의 역사(役事)를 이루시고(요 19:30), 돌무덤에 묻히셨다가(요 19:38-42) 사흘 째 되던 안식 후 첫날(요 20:1), 인간의 생각과 사고 방식을 초월하여 하나님의 시간에, 하나님의 놀라운 능력으로 몸으로 부활하셨다(마 28:1-10; 막 16:1-18; 눅 24:2-49; 요 20장, 21장). 이렇게 성경은 **예수 그리스도의 부활이 시간과 공간 가운데 실제로 발생한 역사적 사실**이라는 점을 강하게 역설하고 있다. 고린도전서 15장에서 사도 바울이 변증한 그대로 부활이야말로 기독교의 핵심 신앙임에도 당시의 불 신앙인들은 물론 오늘날의 실증주의적 세계관을 가진 현대인들에게까지 계몽주의(啓蒙主義, illuminism) 이래로 그리스도의 부활과 동정녀 탄생론은 가장 많이 공격 받아온 교리 중 하나이다. 그러나 성경은 이들의 요구에 충족할 만한 변증적 자료들을 소개하고 있다고 판넨베르크(W. Pannenberg)가 주장하고 있고 이에 필자 역시 전적으로 동의한다. 왜냐하면 예수님의 부활을 생생하게 기록해 놓은 자료는 오직 성경이기 때문이다. "증인은 순교자이다"(the witness is the martyr)라는 말이 있듯이 교회의 증인은 자신이 목격한 부활 사건과 그 의미를 증언하기 위해 목숨을 내어 놓았는데, 그 증거는 첫째, '빈 무덤'이고, 둘째, 사도들을 비롯한 허다한 목격자들의 다양하면서도 사실에 입각한 여러 '증언'들에 근거한 그들의 올곧은 **순교적 삶**에서 입증되었다.

그 **첫째**는, 부활의 전제되는 '**빈 무덤**'이 증명하는 바, **예수님의 죽으심의 확실성**이다. 복음서 중 가장 먼저 기록된 마가복음을 15장 33절에서 41절과 마태복음 27장 45절에서 56절, 누가복음 23장 44절에서 49절, 그리고 요한복음 19장 28절에서 30절의 예수님의 죽으심을 사실적으로 일관되게 보고 있으며, 드디어 운명하신 후, 무덤에 장사되는 장면들을 상세히 기록하고 있다는 점이다 (막 15:42-47; 마 27:57-66; 눅 23:50-56; 요 19:31-42). 이들 기록 중 **두 강도와 함께** 예수님을 **십자가에** 양 손목과 양 발에 **못을 박고** 세웠다는 기록(요 19:18)과 모진 고통 가운데 "**다 이루었다**" 하시고 영혼이 떠나가신 장면과(30절), 무자비한 로마군의 **창에** 예수님 시체의 **옆구리가** 확인 사살하듯 찔려 **피와 물**이 쏟아지는 것을 목격한(34절) 그대로 리포트한 요한의 필치는 **예수님의 죽으심의 진정성**을 돋보이게 하는바, "**이를 본 자가 증언하였으니 그 증인이 참이라** 그가 자기의 말하는 것이 참인 줄 알고 너희로 믿게 하려 함이라"(35절)라고 확증시켜 준다. 이때가 안식일의 준비일(금요일)인데 산헤드린공의회 회원이며 예수님의 제자가 된

**아리마대** 사람 **요셉**은 빌라도의 허락을 받고 예수님의 시체를 수습하여 본래 자신의 것인 **돌무덤**을 선뜻 제공하여 장례를 치른다 (요 19:38-42; 마 27:57-61; 막 15:42-47; 눅 23:50-56). 그런데 대제사장들과 바리새인들이 예수님이 살아 생전 당신이 죽으면 "사흘 만에 다시 살아나리라"하신 말씀을 기억하여 혹시나 예수꾼들이 예수님의 시체를 도굴해 갈까 봐 빌라도 총독에게 로마군으로 하여금 사흘 동안 특별 경비를 맡도록 요청한다. 이에 빌라도 역시 불안하여 이를 허락하였고 **"그들이 경비병과 함께 가서 돌을 인봉하고 무덤을 굳게 지켰다"**(마 28:62-66)라는 사실로 **예수님의 죽으심과 장례의 확실한 근거**가 된다.

그 **둘째**는, 무덤을 깨치고 사흘 만에 죽음에서 **부활**하신 예수 그리스도에 대한 허다한 목격자들에 따른 **증언의 확실성**이다. 안식 후 첫날(일요일), 이른 새벽에 막달라 마리아와 다른 마리아 등 몇몇 여인들이 예수님의 시체에 향품을 바르기 위해 **무덤을 갔더니**(막 16:1-2; 마 28:1; 눅 24:1-2; 요 20:1), 무덤의 커다란 돌문이 굴러 열어져 있고(막 16:4; 눅 24:2; 요 20:1a), 무덤은 **빈 무덤**이다. 경비병들은 이에 무서워 떨며 사색이 되어 있고(마 28:4), 여인들 역시 겁에 질려 있는 상황에 흰 옷 입은 천사가 이들을 향하여 "너희는 무서워하지 말라. **십자가에 못 박히신 예수**를 너희가 찾은 줄을 내가 아노라. 그가 여기 계시지 않고 그가 **말씀하시는 대로 살아나셨느니라. 와서** 그가 누우셨던 곳을 보라"(마 28:5-6)라고 말한다. 경천동지할 일이 벌어진 것이다. 이렇듯 부활하신 주님에 대한 처음 목격자요 증인들이 당시 유대 사회 문화 가운데 너무나도 하찮고 무가치한 존재로 여겨졌던 ① 여인들이었지만 경이스러운 주님의 부활 사실과 그와 함께 전달되는 기쁜 소식의 메신저였음을 사복음서는 일제히 보도하고 있다. 그리고서는 ② 시몬 베드로에게(눅 24:34; 고전 15:5), ③ 엠마오로 가던 두 제자에게(눅 24:13-35)와 ④ 도마를 제외한 열 제자들이 숨어 있는 곳에(눅 24:36-40; 요 20:19-23; 고전 15:5) 부활하신 예수님이 나타나셔서 **당신의 부활을 확증**시키시며, 반신반의하는 목격자들의 의구심을 제거하고자 손, 발과 옆구리의 상한 상처들을 보이시고(요 20:20; 눅 24:38-41) 제자들이 드린 구운 생선을 받아 드시기까지 하시며(눅 24:42-43), 이어서 숨을 내쉬신 후 **"성령을 받으라"**하시고(요 20:22), 제자들이 장차 해야 할 일을 말씀하신다(요 20:23). 그 일이 있고난 여드레 후 주일에 ⑤ 도마를 포함한 열 한 제자들에게 다시 오셔서 특히 부활을 의심했던 도마에게 손과 발을 만져 보고 옆구리에 손을 넣어보라 하시며 "보지 않고 믿는 자들은 복되도다"라고 도전하신다(요 20:24-29). 그리고 ⑥ 부활하신 예수님은 약속하셨던 대로 갈릴리 호수에 가셔서(마 28:7) 본 직업으로 돌아가 물고기를 잡고 있던 제자들에게 153마리의 물고기를 잡게 해 주셨을 뿐만 아니라(요 21:1-23), ⑦ 나아가 예수님께서 잡히시기 전 약속했던(마 26:32) 갈릴리의 한 산에 오르시어 열 한 제자들에게 **세계 선교 대명령**(Great Commision, 마 28:18-20; 행 1:8)을 내리신다. 또한 ⑧ 오백 여 형제들에게 일시에 보이시고(고전 15:6), ⑨ 주님의 동생 야고보에게(고전 15:7)와, ⑩ 그리고 제자들을 데리고 베다니 앞 산에 가셔서 그들을 축복하시고 계시다가 **승천하셨다**라고 성경은 기록하고 있다(눅 24:50-5a; 행 1:3-8). 누가는 사도행전 1장 3절에서 "그가 고난 받으신 후에 또한 그들에게 **확실한 증거로 친히 살아 계심을 나타내사** 사십 일 동안 그들에게 보이시며 **하나님 나라의 일을 말씀**하시니라"라고 **증언**하고 있다.

이상과 같이 예수 그리스도의 부활은 그 부활체의 현현을 목격한 이들이 실제로 **부활의 증인**(martyr, 순교자)으로 살았다는 것이고, 또 자신들이 **부활의 증인**(witness, 복음 전도자) 된 자부심을 갖고 살다가 목숨을 바쳤기에 "이 예수를 하나님이 살리신지라 우리가 다 이 일에 증인이로다"(행 2:32)라고 당당하게 말할 수 있었다. 그리고 이로 인해 이 복음은 2천 년 역사 한가운데 땅끝까지 도도히 전해질 수 있었다. 하나님께서는 사도 바울을 통하여 그리스도의 부활 내용을 고린도 교회에 보내는 편지에서 이렇게 시작한다. "형제들아 내가 너희에게 **전한 복음**을 너희에게 알게 하노니 이는 너희가 **받은 것**이요 또 그 가운데 선 것이다. 너희가 만일 **내가 전한 그 말을 굳게 지키고 헛되이 믿지 아니하였으면** 그로 말미암아 **구원을 받으리라**"(고전 15:1-2).

이것이 **구원의 복음**이다. 바울은 헛되이 믿지 않으면 구원을 받을 것이라고 장담한다. "여기 헛되이 믿지 않는다"란 "그리스도께서 다시 살아나신 일이 없으면 너희의 믿음도 헛되고 너희가 여전히 죄 가운데 있을 것이요"(고전 15:17)라는 설명이다. 그리고 계속해서 "만일 그리스도 안에서 우리가 바라는 것이 다만 이 세상의 삶뿐이면 모든 사람 가운데 우리가 더욱 불쌍한 자이리라"(고전 15:19)라고 부연 설명함으로써 십자가와 부활을 복음의 중심으로 삼아야 한다는 신학적 중요성을 재확인시켜 준다. 그러므로 "내가 받은 것을 먼저 너희에게 전하였느니 이는 성경대로 그리스도께서 우리를 위하여 죽으시고 장사 지낸 바 되셨다가 성경대로 사흘 만에 다시 살아나사"(고전 15:3-4)라는 바울의 화두에 사용한 표현에서 **"먼저"**와 **"성경대로"**를 주목할 필요가 있다. 왜냐하면 이 단어가 우리의 주의를 사로잡아 **십자가**와 **빈 무덤**의 중요성 및 복음의 현실을 직시하도록 이끌기 때문이다.

따라서 그리스도 부활의 신학적 의의와 유익을 세 가지 차원으로 요약할 수 있다. 첫째, 예수님의 **부활**로 죽음을 정복하셔서 주님의 죽으심으로 우리를 위해 얻으신 의(義)에 우리가 참여하는 **칭의(稱義, The Doctrine of Justification)**의 근거를 발견한다. "의로 여기심을 받을 우리도 위함이니 곧 예수 우리 주를 죽은 자 가운데서 살리신 이를 믿는 자니라. 예수는 우리가 범죄한 것 때문에 내줌이 되고 또한 우리를 의롭다 하시기 위하여 살아나셨느니라"(롬 4:24-25). 즉 부활은 의롭다 칭함을 받은 우리에게 더 이상 죄에 대한 형벌로써의 죽음의 세력으로 미치지 못한다. 둘째, 그리스도의 부활은 그의 능력으로 우리를 새 생명으로 '**중생**' 하게 하셨다. "그의 많으신 긍휼대로 예수 그리스도를 죽은 자 가운데서 부활하게 하심으로 말미암아 거듭나게 하사 산 소망이 되게 하시며 썩지 않고 더럽지 않고 쇠하지 아니하는 유업을 잇게 하시나니 곧 너희를 위하여 하늘에 간직한 것이라"(벧전 1:3-4). 우리의 날마다의 삶을 '새 생명 가운데서 사는 삶'인바, 중생은 그리스도의 부활 생명이 우리에게 심겨지는 날이다. 셋째, 그리스도의 부활은 궁극적 승리의 개가(凱歌)이다. "우리 주 예수 그리스도로 말미암아 우리에게 승리를 주시는 하나님께 감사하노니 그러므로 내 사랑하는 형제들아 견실하며 흔들리지 말고, 항상 주의 일에 힘쓰는 자들이 되라. 이는 너희 수고가 주 안에서 헛되지 않을 줄 앎이라"(고전 15:57-58). 우리는 죄악과 죽음의 현실 속에서도 흔들림 없이 거침없이 도전하는 부활 신앙을 갖게 하신 주님께 깊이 감사하며 담대하게 환희에 찬 승리의 개가를 부를 수 있기에 그리스도께서 **"사흘 만에 죽은 자 가운데서 다시 살아나셨으니"**라고 고백하는 영광을 누린다.


# 6. 예수님은 진정 죽었다가
    다시 살아나셨는가?


**'예수님은 진정 죽었다가 다시 살아나셨는가?'**라는 이 난문(難問)에 답하기 위해서는 먼저 확실히 해야 할 것이 있다. 그것은 첫째, 예수님은 정말 죽으셨는가 라는 문제이고, 둘째, 예수님은 사후(死後)에 정말 독자적 방법으로 부활하셨는가 하는 여부다. 이미 우선하여 정의할 것은 전회에 언급했던 바대로 **부활**이란 단순히 "죽었던 사람이 다시 살아나는 것"을 의미하지 않는다는 것이다. **부활**에 해당되는 또 다른 낱말이 **재생**(再生, revival)이다. 분명한 것은 **부활**은 결코 **재생이 아니다** 라는 사실이다. 마가복음 5장에는 회당장 야이로의 12살 된 딸을 예수님이 살리신 기사가 있으며(22, 36-42), 요한복음 11장에는 죽었던 나사로가 예수님에 의해 다시 살아난 사건을 기록하고 있다(43-44). **이 경우**에 해당 되는 단어는 **재생**이다. 이는 주님께서 주도적으로 일하셔서 **다시 살아났지만, 다시 죽음을 맞이할 한계점이 인간에게는** 있기 때문 이다. 인간은 반드시 죽는다. 그러므로 피조물 인간과는 달리 창 조주 예수 **그리스도의 부활은 재생이 아니다.** 예수님은 부활을 통 해 이 땅에 현현(顯現)하셨다. 따라서 부활한 자의 종착역은 영생 이며, 부활은 하늘 나라의 삶으로 들어가는 입구가 된다.

### ■ 예수님은 진정 죽으셨는가에 대해서

예수님은 지상 생활에서 육체의 죽음을 경험하셨다고 성경은 밝히고 있다(마 27:50; 막 15:37; 눅 23:44-46; 요 19:30; 고전 15:3). 그리고 히브리서 기자는 "죽음의 고난 받으심으로 말미암아 영광과 존귀로 관을 쓰신 예수를 보니 이를 행하심은 하나님의 은혜로 말미암아 **모든 사람을 위하여 죽음을 맛보려 하심이라**"(히 2:9)고 변증하고 있다. 그렇다. 예수님의 죽으심 자체가 비할 데 없 는 특별한 죽으심이었다. 그러므로 완전한 참 사람이신 예수님은 인간과 동일한 죽음을 맛보셨으며, 또한 죽은 자 가운데서 **'신령한 몸'으로 다시 살아나셔서 육체 그대로 승천하셨다**(눅 24:50-51; 행 1:9-11). 이렇듯 그의 살아나시고 승천하셨던 그 실체가 곧 〈**부활**〉

**하신 몸**이다. 그 주님의 **'신령한 몸'**은 여러 물리적 제한은 전혀 받지 않으셨지만(요 20:14-15, 19-20, 26-29), 모진 고초로 받으신 깊은 상처를 지니셨기에 제자들에게(요 20:20)와 도마에게 손목과 발, 그리고 옆구리를 보이시며 넣어보게 하셨다(20:26-29). 또한 부활하신 예수님은 **"잠자는 자들의 첫 열매"**가 되셨다(고전 15:20). 여기 **'첫 열매'**(아파르케, ἀπαρχή)란 그리스도께서 부활로서 인류 구속(救贖)의 결실을 완성하셨다는 뜻이며, 그 첫 열매로 말미암아 예수님을 구주로 고백한 모든 그리스도인들이 구원을 얻게 된 것이다.

이 진리로 사도 바울은 **"성령의 처음 익은 열매"**(롬 8:23)라고도 표현하였다. 이는 그리스도가 하나님께 바쳐진 **부활의 첫 열매**로서 모든 성도들의 **부활**과 **영생의 첫 열매**가 되셨다는 뜻이다. 따라서 **그리스도인**이란 〈크리스티누스, Christinus〉, 즉 **'그리스도에게 속한 사람'**(one who belongs to Christ)이다. **생명**에 대한 **평가 기준**은 소속, 지식, 능력 등인데 그 중 가장 중요한 요소는 소속이다. 포도나무(그리스도)에 생명적으로 접붙여진 가지(사람, 요 15:5)가 열매로 부활한다. 이것이 예수님이 보여 주신 생명의 원리이다. 그런데 그리스도 부활의 역사성을 성경이 이와 같이 확증해 주셨음에도 불구하고, **"죽은 자 가운데서 다시 살아나셨으며"**

라고 입으로는 고백하면서도 육체적 죽으심(의학적인 의미에서)에 던지는 이른바 초역사적(Armti-historism), 또는 자연주의적(naturalism) 입장에서 예수 그리스도의 몸의 부활을 믿지 못하는 '문지방 교인(almost Churchan)들이 있음을 본다. 예수님의 몸의 완전한 죽으심과 몸의 부활을 믿지 못하는 교인은 사실에 있어서 영적 경계인(境界人)이다. 1908년 미국의 헨리 해밍턴(Henry Hammington)이란 의사는 예수님은 십자가 위에서의 고통 때문에 기절하여 죽은 것처럼 보였을 뿐 돌무덤에 안장되자 숨이 돌아왔다는 주장을 한다. 소위 **기절설의 주창자이다.** 1965년 1월 24일자 영국의 「더 타임즈(The times)」 역시 어떤 치과의(齒科醫)의 견해를 공유하였는데, 그 의사는 입옆에 마취를 한 환자의 각성 상태(覺醒狀態)를 관찰하면서 마취 후 여러 시간 다리를 직선으로 편 자세로 누운 채 정신을 놓았던 환자가 점차 회복하는 모습을 살피는 실험을 통해서였다. 그의 주장에 따르면 십자가에 수직으로 매달리셨던 예수님의 자세는 진료 의자에 마취 상태로 누운 환자와 동일한 자세로 예수님은 죽으신 것이 아니라 과다 출혈로 뇌빈혈 상태에서 돌무덤에 안치되셨다가 동굴의 청정한 공기로 인하여 의식이 되돌아 왔다는 것이다.

이와 같은 주장에 대해서 의학적 반론이 나왔다. 어떤 마취학

교수는 그런 문제 제기에 인간의 신체적 한계를 근거로 **기절설을 반박**한 것이다. 아무리 철인적 신체 조건을 갖춘 청년이라 할지라도 십자가에 양 손목과 양 발이 대못에 박히고 창으로 옆구리를 깊이 찔려 과다 출혈 상태로 장시간 십자가에 매달려 있다가 사망한 자가 얇다란 세마포에 감긴 채 차가운 돌무덤에 뉘였다면 설령 살아 있었다 하더라도 저체온증과 패혈증에 의한 사망은 필연적이며 생존률은 완전 제로(zero, 0)라는 주장이다. 아침 9시부터 심문이 시작되어 초주검이 된 상태에 이르기까지 모진 고초를 당하신 몸이 설상가상으로 십자가에 못이 박힌 채 과다 출혈로 오후 3시에 절명(絕命)하신 상태로 사흘 동안 돌무덤에 계셨다고 성경은 기록하고 있는데 기절이라니 가당찮은 억지 주장일 수밖에 없다는 것이다. 또한 그 무덤을 총독 빌라도의 특별 명령에 의해 로마 정규군이 철통같이 삼엄한 경계를 서고 있는데 제 목숨이 아까워 전전긍긍하던 제자들이 용기를 내어 경비병의 눈을 속이거나 병사들을 제압하여 예수님의 시신을 훔쳤다는 것이 과연 가능한 이야기일까? 완전 불가능하다. 그렇다면 해밍턴의 주장에 대한 반박론의 중요한 문제는 무엇일까? 이는 의학적 내지는 과학적 관점이 아니라 성경적, 신학적 문제이다. 만약 앞서 치과의의 주장이 맞다면 신약 성경 전체의 신뢰성은 완전히 무너질 수밖에 없고, 사도들이 전한 복음은 헛것이 되고 만다(고전 15:18). 또 재생하신 예수님은 스스로 몸을 감추시고 잠적하여 숨어 지내실 뿐만 아니라 예수님 자신에 관한 거짓을 스스로 묵인하고 주님의 이름으로 선교하는 모습을 멀리서 보거나 순교 당하는 제자들의 참상을 못 본채하고 계셨다는 것이 된다. 한 가지는 분명하다. 앞서 해밍턴이나 치과의는 주님 자신이 참 하나님이시요, 참 사람이시며, 하나님의 아들이시라던 예수님을 희대의 사기꾼으로 만들어버린 중죄인이라는 것. 그래서 **기절설은 허황된 주장**에 불과하다.

### ■ 예수님은 진정 부활하셨는가에 대하여

예수님이 정말 죽으신 것은 모진 고초와 결정적인 육체적 손상을 입고 죽으신 것인데 그 예수님이 죽은 자 가운데서 다시 살아나셨다고 한 신약 성경을 어떻게 이해하고 있는가? **첫째**로 예수님을 목격했다고 주장하는 사람들이 극도의 흥분 상태에 있었고, 부활하시겠다고 말씀하신 바 있었기 때문에 그 예수님을 뵙고 싶어 갈망한 나머지 환각 상태에 빠져든 것이라고 주장하는 사람들이 있다. 이른바 **환각설(幻覺說)**로서 이런 이상한 주장들은 결국 예수 그리스도의 역사적 부활을 믿지 않으려는 궁색한 허언들인 것이다. 이 허황된 주장에 역질문을 던진다. 예수님의 고초와 주검을 직접 접했던 그 많은 사람들이 동일한 환각에 빠졌거나 5백여 성도들에게 부활하신 예수님이 일시에 보이셨는데(고전 15:6)

이 사실을 환각에 빠졌다? 라는 주장으로 과연 이론적으로 가능하다 할 수 있는 일인가? 이는 도저히 불가능하다. 예수님의 상처를 직접 눈으로 보고 손가락으로 옆구리의 상처를 넣어본 도마의 사실에 입각하는 정확한 검증(요 20:24-29)이 이 허황된 환각설을 잠재운다. 사실 제자들도 기본적으로 예수님의 몸의 부활을 기대하지 않았던 것으로 성경은 묘사하고 있다. 베드로와 요한은 빈 무덤을 보고서도 즉각적으로 예수님의 다시 살아나심을 깨닫지 못하였다(요 20:3-9). 이에 예수님과 동행하며 엠마오로 가던 두 제자들은 예수님으로부터 "마음이 더디다. 미련하다"(눅 24:25)라는 책망을 받았다.

둘째로, 적인가(유대교 당국). 아군인가(로마 관원)가 예수님의 시체를 도적질하여 그 시체를 어딘가에 숨겼다는 이른바 도적설이다. 유대교 당국(오히려 로마 관원)이 예수님의 시체를 도적질하려 했다는 발상은 절대 착각이다. 예수님의 제자들이 그 짓을 한다면 예수님의 부활에 대한 소문을 극대화시키는 결과를 초래하기 때문에 오히려 당국은 도굴 방지에 필사적이었다. 앞서 언급했듯이 철통같은 경비며, 커다란 돌문에 갇힌 그 시체를 제자들이 도적질한다는 것은 전혀 불가능했다. 아예 제자들에게는 그런 엄두를 낼 마음의 여유조차 전무했다. 자기 목숨을 부지하기 위해서 스

승을 배반한 제자들이 아니었던가. 그럼에도 불구하고 예수님이 진정 죽지 않으셨다면, 기독교가 성립되어 2천 년이 지난 오늘날까지 세계 역사와 문화를 이끌어 올 수 있었을까? 만약 그렇다면 기독교는 거짓 종교로서 초대 교회가 성립되기 전 이미 지구 상에서 사라졌을 것이다. **십자가**와 **부활**은 영광된 예수 그리스도의 **복음의 핵심**이다. 그리스도께서 정말 죽으시지 않았다면 그 복음이 사기(詐欺)가 되어 기독교가 잠시나마 세상에 미쳤던 유형무형의 영향들은 혐오(嫌惡)와 조소(嘲笑)의 적(敵)이 되었을 것이다.

### ■ 유일한 해답

그렇다면 부활의 사실성에 대한 해답은 무엇일까? 예수님께서 **"고난을 받아… 죽으시고… 다시 살아나셨다"**가 유일한 해답이다. 이 해답이야말로 문서(성경, Bible)와 사실(역사, History)을 일치시킨다. 이 해답만이 당초 낙담과 절망에 빠졌던 제자들이 어떻게 해서 저토록 확신에 찬 신앙을 회복할 수 있었는지, 그리고 성령의 이끄심이 얼마나 강렬했기에 그들에게 적대적인 세상으로 나아가 예수가 그리스도이심을 담대하게 전하며 새로운 교회 공동체를 세우게 하셨는지에 대한 설명이 가능하다. 일차 실축되었던 주님의 제자들이 다시 회복되고 인정받았다는 사실은 성령 강림을 체험하고 성령의 내주하신 능력으로 가능했다는 설명 이외에는 어떤 이론으로도 불필요하다. 그러므로 예수님이 죽으시고, 다시 사시고, 하늘로 오르시지 않았다면 성령 강림은 없었을 것이고, 더욱이 우리에게 마라나타(maranatha, 〈주여 오시옵소서, O LORD, come〉)신앙은 아예 존재하지 않았을 것이다. 또한 2천 년에 걸쳐서 "그리스도와 그 부활의 권능…을 알았던"(빌 3:10) 무수한 그리스도인의 **증언**들이 있었고, 또 그것이 지금 이 순간에도 있다는 사실이다. **순교**를 마다하지 않고 전파하는 **구원의 복음**이야말로 사망의 음침한 골짜기에 비치는 생명의 빛이고, 그 빛 되신 예수님을 **주(LORD)와 그리스도로 믿고(faith), 증거(witness)하는, 증인(순교자, martyr)으로 살아가는 이가 진정한 부활 신앙을 장착한 그리스도인**이다. 그리하여 사도 바울은 2천 년 전, 고린도 교회를 뛰어넘어 그리스도에게 속한 우리에게 이렇게 증언한다. "형제들아 내가 그리스도 예수 우리 주 안에서 가진 바 너희에게 대한 나의 자랑을 두고 단언하노니 **나는 날마다 죽노라**"(고전 15:31). 부활이 있기에 날마다 죽는다.

# 7. 하늘에 오르시어 전능하신
## 아버지 하나님 우편에 앉아 계시다가

성령으로 잉태되어 동정녀에게서 탄생하신 예수 그리스도께서 인류 구원의 속죄물로 고난의 십자가에서의 죽으심과 몸의 부활까지를 해석해 온 필자는 우리 주님께서 "하늘에 오르시어…"(승천)에서 잠시 멈칫하는 마음을 갖게 된다. '왜'(Why)일까? 승천(昇天, Ascension) 교리를 확실히 믿었으나 심층적으로 '알아가는 데'에 이를 간과(看過, Overlooking) 했었다는 약점을 깨닫는 순간이었기 때문이다. "아! 지금까지 내가 현세적인 신앙 생활에 너무 익숙해 있었던 것이 아니었나?"라는 자책감이 깊이 든 까닭이다.

성경은 **음부(陰府)**에 내려가셨던 예수님께서 **부활**하신 **이후**에 "그가 택하신 사도들에게 성령으로 명하시고 **승천하신 날까지의 일을 기록**하였노라. 그가 고난 받으신 후에 또한 그들에게 **확실한 많은 증거로 살아 계심**을 나타내사 **사십 일** 동안 그들에게 보이시며 하나님 나라의 일을 말씀"하신다.(행 1:2-32) 그리고, 승천하실 때를 의도적으로 **"그들이 모였을 때"**(6절)로 정하신 것은 약속하신 **성령**을 내리셔서 성령 세례를 받은 제자들로 하여금 이 땅에

그리스도의 몸인 교회(에클레시아, ἐκκλησία)를 이루어 **지상명령
(至上命令, Great Commission, 마 16:18; 행 1:8)**을 주시기 위함
이었다. 오늘날 많은 목회자들의 약점이라면 고난과 십자가까지는
확고하게 가르치지만, 예수님의 죽으심에 따른 음부(陰府)와 위
본문(사도행전)에 나타나는 **종말론(終末論, Eschatology, 사 2:2;
미 4:1; 벧전 1:20; 요일 2:18)**에 있어서의 **"이 세대"(今世, This
Age)** 너머 **"오는 세대"(來世, The Coming Age)**에 대해서는 거의
기피하거나 사이비 이단들의 전유물처럼 치부하는 경향이 있다.
여기에 더해 20세기 신학의 비신화화를 주장했던 불트만(Rudolf
Bultmann)과 같은 신신학을 그대로 수용한 진보적 신학계의 영
향까지 종합적으로 받은 결과라 할 수 있다. 불트만은 음부와 하
늘은 공간 개념이 아니라 고대 세계의 삼층구조의 우주론에서 파
생된 표상으로서 '음부'와 마찬가지로 '하늘(우라노스, Οὐρανός)'
에 관한 언급을 아예 부정하면서 이에 대한 실존적 해석 조차 거
부하였다. 이는 이신론(理神論)을 주장했던 18세기 독일의 헤르만
S. 라이마루스(Herman S. Reimarus, 1694-1768)의 계몽주의
사상으로서 성경의 계시와 기적, 그리고 성령을 부정할 뿐만 아니
라, 특히 그리스도의 부활은 역사적 사실이 아니라 사도들의 날
조라고 단정지었던 성경 파괴적 사상의 계승자들이다 할 것이다.
이 신학 사상은 18세기 프랑스 혁명을 주도했던 계몽주의 철학자

요 사상가 루소(Jean Jacque Rousseau, 1712-1778)와 볼테르(Voltaire, Francois-Marie, 1694-1778) 등의 인본주의 사상으로서 인간은 마땅히 '이성의 힘'(理性, Reason Power)과 '자유'(自由, Freedom)를 합리적으로 누릴 권리가 있다고 주창하며 신본주의(神本主義)를 거부한 계몽주의 사상과 괘(罫)를 같이 했다.

그러나 발터 퀸네스(Walter Künneth) 교수 같은 정통주의(正統主義) 신학자는 성경이 말씀하는 그리스도의 승천과 우편에 앉으셨다는 교리를 단순히 고대의 신화적 세계관을 반영했을 뿐이라는 볼트만의 견해에 정면으로 반박하였다. 또 예수님의 '하늘로 올라 가심' 즉 **승천(Ascension)**을 누가는 "그들이 보는데 **올려져 가시니**…"(행 1:9)라고 표현하였다. 이는 예수님의 높아지심이라는 신학적 진리를 "상징적 시적 은유(Metaphor) 표현으로 쓴 것이다. 이에 누가에 의한 창안"이므로 그 이상의 의미 부여는 불필요하다는 윌리엄 네일(William Neil)의 논의에 대하여 하워드 마샬(Howard Marshall)은 누가가 다른 사도적 엄존한 상황에서 이 중대한 일을 창안했다고 하는 것은 너무도 탈선한 비합리적 주장이라 반박하며 여러 사도들에 의한 성경을 근거로 승천 사실을 변증하고 있다(요 6:62; 행 2:33-35; 엡 4:8-10; 살전 1:10; 히 4:14, 9:24; 벧전 3:22; 계 5:7). 예수님의 제자들은 예수님의 삶과 죽음, 부활, 그리고 승천을 직접 목격한 증인들이다. 그러므로 목격자인 사도들의 증언을 듣고 믿게 된 성도들은 성경에 기록한 것을 그대로 수용하고 주님께서 '하늘'로 가셨으므로 다시 "구름을 타고 능력과 큰 영광으로 오시는 것"(마 24:30, 25:31, 26:64; 막 13:26, 14:62)을 보게 될 것을 놀라움과 경탄으로 받아들였던 것이다. 그리스도께서는 승천 이후로 그 흰 옷 입은 두 사람의 약속과 같이 이 땅에 다시 오실 때까지 아버지 하나님이 계신 곳인 **'하늘'**(Heaven)에 계신다(요 16:5, 10:17, 28, 17:5; 엡 1:20, 4:10; 히 9:24 참조). 따라서 하나님께서 계신 **'하늘'**은 어디에 어떤 성격으로 존재하는지는 규정할 수 없으나 분명히 **실재하는 영역**임은 틀림없다(골 1:16). 마치 인간에게 보이는 **심장**(Heart)과 함께 보이지 않는 **마음**(Mind)이 엄연히 존재하고 있는 것과 같이 **눈에 보이는 하늘**(Sky) 외에 인간의 육신의 눈으로 보이지 않는 **영적** 세계로의 또 다른 **하늘**(Heaven)**이 존재**하는 것이다. 이와 같이 그 **리스도의 육체적 부활**과 함께 **육체적 승천**을 통해 **세상의 군왕들**과 **주권들**은 물론 **우주의 권세들**까지도 무덤을 정복하신 자, 곧 예수 **그리스도의 통치에 복종**하게 하신다(엡 1:20-23; 빌 2:9-11; 골 2:15). 그리스도의 승천이야말로 성부께서 그 분의 희생을 인정하시고 온 우주를 그 분의 통치 아래 복종케 만드신 우주적인 대관식이었다.

또한 그리스도의 승천은 **성령을 보내 주셨다**(요 7:39, 16:7, 20:22; 행 2:33; 엡 4:7-12). 이로써 **증인들의 사역이 시작되었고 교회의 등장이 가능케** 되었다. 승천하신 **그리스도는** 교회의 머리가 되심으로서 교회와 동행하시고(마 28:20), **성령으로 지켜 주시며** 교회 안에서 성령을 통해 **은사와 직무들을 가동케** 하신다(엡 4:7-12). 따라서 그리스도의 승천이 주는 유익에 대해 하이델베르크 요리문답(49번)은 다음과 같이 설명한다. "첫째, 주님은 하늘에 계시는 그의 아버지 앞에서 우리의 변호자가 되신다. 둘째, 머리되신 주께서 그의 지체인 우리도 그에게로 이끄신 것을 확실하게 보증하셨으므로 우리가 하늘에서 육체를 가진다는 것이다. 셋째, 주께서 참으로 우리에게 그의 영광을 보내시어 우리로 하여금 그 영의 능력으로 말미암아 **위의 것을 구하고 땅의 것을 구하지 않는다**"(빌 3:20; 골 3:1)라고 가르친다. 이와 같이 **하늘에 오르시어**의 승천 교리와 **하나님 우편에 앉아**의 우편 좌정 교리는 하나의 교리이다. 즉, 그리스도의 승천과 우편 좌정 교리는 통치자의 위엄과 하늘의 심판대를 주재하는 심판자의 권세를 의미하는 것이다. 하나님, 곧 **성부·성자·성령은 영(靈)**이시다(요 4:14a). 영이신 하나님은 몸을 가진 우리들처럼 어디에 앉고, 서고, 누워 있는 것이 아니라 **편재(遍在)하시는 하나님**이시므로 그분의 존재를 이해하기 쉽게, 이른바 〈신인 동형론적 표현법〉(神人 同形論的 表

現法, Anthropomorphism)으로 표현하여 인간 왕이 그의 보좌에 앉아서 그의 나라를 다스리듯이 하나님께서는 **온 땅의 왕으로 온 땅을 다스리신다는 것**을 그렇게 의인화한 것뿐이다. 전래로 동양인들은 **우편**을 **바른 편, 옳은 편**으로 인식해 왔다. 그래서 유대인에게 주신 계시에서도 〈우편〉은 그러한 함의를 갖고 기록하였다. **솔로몬이 왕 위에 앉아 통치할 때** 어머니 밧세바가 나오자 "그의 어머니를 위하여… 그가 그의 **오른쪽에 앉는지라**"(왕상 2:19)라는 경우가 대표적인 예이다. 이렇듯 하나님의 보좌 **우편이란** 하나님과 함께 하는 **권능**의 자리, 같은 **영예**의 자리, 같은 **영광**의 자리를 의미한다(시 110:1). 그러므로 인성을 가지신 성자께서 승천하신 후에 권능의 자리에서, 영예의 자리에서, 영광의 자리에서 하나님의 온 세상 통치에 참여하신다는 것으로 이해해야 한다.

더불어 그리스도께서 제자들에게 의도적으로 승천 장면을 보여주신 것은 "이 땅의 것이 아닌, 그리고 눈으로 볼 수 있는 하늘, 곧 궁창(穹蒼, Sky)이 아닌 〈그 하늘(Heaven)을 제자들이 발견하고 깨닫기를〉 바랐던 것이다(장 칼뱅).

「사도신경」을 대하는 우리가 이상과 같은 함의(含意)를 심령에 새기고 **"하늘에 오르시어 전능하신 아버지 하나님 우편에 앉아 계시다가"**라고 고백한다면 이 승천 교리에서 다음과 같은 영적 유익을 얻을 것이다. 첫째, 히포의 아우구스티누스(Augustinus)가 골로새 3장 1-4절의 말씀을 강론하면서 "죽은 지 사흘 만에 하늘로 오르시어 하나님 우편에 앉으신 그리스도"를 높이기 위해 **우리의 마음을 위로 향할 것을 수르숨 코루다(Sursum Corda),** 즉 "**마음을 위로 향하라**"라고 가르쳤다. 우리가 예배할 때나 성찬을 받을 때 **그리스도께서 성령을 통하여** 예배자를 '**하늘로 들어 올리심**'에 초점을 맞추어야 마땅한 것은, 그리스도 승천의 이유, 즉 **우리의 지향점이 '하늘에 있음'**을 보여 주신 그대로 마음을 위로 향하는 우리의 삶이 되어야 한다는 영적 유익을 얻기 때문이다. 둘째, 그리스도의 승천은 종말에 대한 대비와 기대를 갖게 하셨다(행 1:11). 천사들은 부활과 승천의 증인들에게 **재림**에 대한 약속과 함께 그 때가 이르기까지 인내로 기다릴 것을 명령한다. 그리스도인은 하나님 나라의 '이미'와 '아직'의 〈시작된 종말론(Inaugurated Eschatology)〉 시대를 살고 있다. 따라서 우리는 마지막 주어진 과제를 통해 인내로서 소망 가운데 살며 영적 유익을 얻어야 마지막 승리가 보장된다는 것을 항상 기억해야 한다.

"오직 주 예수 그리스도로 옷 입고 정욕을 위하여 육신의 일을 도모하지 말라"(롬 13:14).

# 8. 거기로부터 살아 있는 자와
## 죽은 자를 심판하러 오십니다

사도신경 첫째, 성부 하나님 고백 다음 둘째, 성자 예수 그리스도를 고백하고 드디어 마지막 항목에 이르렀다. 앞서 예수 그리스도의 승천과 하나님 우편에 앉으셨던 사역이 그리스도의 천상의 삼중직과 관련되었다면, 이제 언급할 재림과 심판은 그리스도를 만왕의 왕(Pantokrator), 만군의 주(主)로 고백하는 신앙과 밀접하게 연결된다. 다시 세상에 오셔서 산 자와 죽은 자를 심판하시며 하나님의 나라를 이 땅에 이루시는 그리스도는 이전의 감추어졌던 인자(人子)로서가 아니라 이제는 모든 무릎을 그 앞에 꿇게 하시는 만왕의 왕이시요, 만군의 주(主)로서 세상에 오심이다. 요한계시록의 전체 주제를 관통하는 핵심적 신앙고백을 1장 8절은 다음과 같이 기록하고 있다. "주 하나님이 이르시되 나는 알파와 오메가라. 이제도 있고 전에도 있었고, 장차 올 자요, 전능한 자(Pantokrator)라." '전능하신 분'의 장차 오심은 뜻이 하늘에서 이루어진 것 같이 땅에서도 이루어지기 위해, 그리고 하나님 나라의 질서를 이 땅에 세우시기 위해, 하나님의 공의의 심판이 필수적으로 수행되어야 한다는 것, 이를 사도신경은

(옛), **"저리로서** 산 자와 죽은 자를 심판하러 오시리라"

(새), **"거기로부터** 살아 있는 자와 죽은 자를 심판하러 오심이다"

라고 고백한다. 여기 새 번역은 **"거기로부터"**, 종전 번역은 **"저리로서"**이다. 사도신경을 재해석하는 필자로서 거의 80년 가까이 고백했던 **"저리로서"**가 무슨 뜻인지 깊이 살펴본 바 없었던 터에 라틴어 원문에 inde로 표현되었음을 볼진대 이 단어의 뜻은 **예수 그리스도가 계신 "하늘의 하나님 우편으로부터"**, 곧 **"그 곳으로부터"**라는 말임을 새삼 알게 되었고, 그래서 **"거기로부터"**가 바른 표현임을 알린다. 그러므로 이 부분은 "하늘에 오르시어 전능하신 아버지 하나님 우편에 계신" 그 **하늘(Heaven)**, **"거기로부터"** ① 이 세상에 다시 오셔서 (재림, 마 24:30; 26:64; 고전 15:23; 살전 2:19; 5:23; 벤후 3:12-13; 요일 2:28) **세상을 심판**하시고, ② 하나님의 나라를 완벽하게 이루셔서 그 **영광의 왕국(Regnum Gloride)을 영원히 통치하신다**는 **예수 그리스도의 미래 사역**에 대한 분명한 신앙의 고백이다. 정리하자면 그리스도께서 현재 현존하고 계신 하늘로부터 이 세상에 "오시는 것"이다. 이 **"오시는 것"**을 **파루시아(Parusia)**라 하는데 이 단어는 이중적 의미를 갖는다. 즉 예수 그리스도의 탄생, 곧 **초림(初臨)**과 장차 다시 오실, 곧 **재림(再臨)**에 같은 용어를 쓰기 때문이다.

그런데 **재림(Parusia)**이라는 주제만큼 기독교 역사 상 성경 전체에서 많은 사람들의 관심을 집중시킨 주제는 없었다. 예수 그리스도 승천 이후의 초대 교회 성도들에게 삶의 원동력과 위로는 언제나 그리스도의 재림 신앙이었다. 그러나 재림에 대한 신앙이 강조되고 간절히 기다리는 만큼 상대적으로 더 왜곡된 신앙의 역사는 교회사에 등장하지 않았다. 수많은 이단과 사이비 종파들이 성도들을 미혹하는 주제도 역시 재림의 문제였고 역사상 등장했던 천년 왕국 운동론도 재림과 밀접하게 연관되어 있었다. 그러다 보니 자연스럽게 교회는 재림 신앙으로부터 거리를 두기 시작하면서 재림 신앙과 무관한 신앙이 건전한 신앙으로 인정받기에 이르렀다. 결과적으로 오늘날의 교회는 재림 신앙을 상실한 현세적 교회가 되고만 것이다. 그 실례가 1992년 이장림(李長林)의 다미선교회 등의 시한부 종말론이다. 그들이 주장했던 시한부 종말론 그해 10월 28일 자정을 기해 예수님의 공중 재림과 동시에 자기들은 허공으로 휴거(携擧)된다는 계시를 받았다고 떠들면서 방송매체까지 동원하여 생중계 할 정도였으니 그 황당함은 사회적 웃음거리가 되었고 결국 해프닝으로 망신만 샀다.

■ **그리스도 재림주의 심판은 필연이다**

그렇게 친히, 몸으로 가시적으로 오시는 재림을 성경은 이렇게 정의(定義)한다. "그 때에 인자가 구름을 타고 큰 권능과 영광으로 오는 것을 사람들이 보니라"(막 13:26). 즉 ① 승천하셔서 지금 하늘에 계신 예수님은 친히(Personality) 오신다. ② 부활하셔서 승천하신 그 몸 그대로(Bodily) 오신다. ③ 모든 사람들이 볼 수 있게 가시적(可視的, Visible)으로 오신다. 이 세상에서 그리스도는 인간들에게 부당하게 재판을 받으셨지만, 이 땅에 다시 오실 그리스도는 의로운 재판장으로서(딤후 4:8) 공명정대하게 세상을 심판하시기 위해 오신다. 그래서 예수님은 아주 분명하게 "그 때에 **땅의 모든 족속들이** 통곡하며 그들이 인자가 구름을 타고 능력과 큰 영광으로 **오는 것을 보리라**"(마 24:30)라고 말씀하심으로 심판이 공개적 사건(Public)임을 밝히시면서 더욱 생동감 있게 "번개가 동편에서 나서 서편까지 번쩍임 같이 인자의 임함도 온 세상이 모두 알 수 있게 공개적으로 일어날 것"(27절)이라고 분명히 예언하셨다. 그래서 우리는 그리스도의 다시 오심(파루시아)의 **목적을 "살아 있는 자와 죽은 자를 심판하러 오십니다"**라고 고백한다. 그 심판의 구체성은 "인자가 자기 영광으로 모든 천사와 함께 올 때에 자기 영광의 보좌에 앉으리니 모든 민족을 그 앞에 모으고 각각 구분하기를 목자가 양과 염소를 구분하는 것 같이"(마 25:31-32) 모든 사람들을 다 그 심판대 앞에 서게 하신다고 하신다. 그래서 우리는 단호하게 "산 자와 죽은 자를 심판하러 오신다"라고 고백한다. 그러면 그리스도는 언제 오시는가? 안토니 후크마는 재림의 때를 「개혁주의 종말론」에서 매우 탁월한 표현으로 다음과 같이 서술하고 있다. 『그러므로 우리는 그리스도의 재림이 시간상으로 임박했다고 말하지 말고 상황적으로 임박해 있다고 말해야 할 것이다. 재림이 있다는 것은 확실하다. 그러나 그것이 정확히 언제 올지 우리는 알지 못한다. 따라서 우리는 주님의 재림을 대비해 끊임없이 기대와 준비 속에서 살아야만 한다. 다음의 모토가 이것을 잘 표현해 주고 있다. "우리는 마치 그리스도께서 어제 죽으셨고 오늘 아침 일어나셨으며 내일 다시 오실 것처럼 살자."』 이 말은 그리스도께서 내일 오신다(시간적 의미)가 아니라 내일이라도 오실 것처럼(상황적, 구속사적 의미) 생각하고 사는 것이 재림을 기다리며 늘 깨어 사는 그리스도인의 진정한 모습이라는 가르침이다.

### ■ 그리스도 재림의 징조

그런데 이 재림에는 어떤 **징조(Signs)**가 분명히 나타난다고 말씀하신다. **첫째,** 여러 난리가 일어난다. 전쟁, 기근, 지진 등이 있게 된다(마 24:6-8). 사람들이 만들어내는 **난리**와 자연 **재해**로서 이것은 재난의 시작에 불과하다고 말씀하신다. **둘째,** 그리스도인들은 특별히 **환난**과 **핍박,** 그리고 **고난**에 처하게 된다. 더구나

이 과정에서 "사람들이… 환난에 넘겨주겠으며… 죽이리니… 내 (예수) 이름 때문에… 서로 잡아 주고 서로 미워하는"(마 24:9-10) 일도 발생할 것이다. 그리스도인과 교회가 '**배교**'하고(살후 2:3), '**불법**'도 행하는데 이는 "많은 사람의 사랑이 식어진" 까닭이다(마 24:12)라고 말씀하신다. **셋째, 거짓 그리스도와 거짓 선지자들**이 출현하여 많은 **사람을 미혹**하게 할 것(마 24:11, 24)이라 하신다. 넷째, 그러나 온갖 가시밭길 가운데에서도 "**천국 복음이 모든 민족에게 증언되기 위하여 온 세상에 전파되리니 그제야 끝이 오리라**"(마 24:14)고 하신다.

### ■ 그리스도 재림은 심판과 동시에 하나님 나라의 완성

그렇다면 이제 그리스도를 믿는 성도는 재림으로 바라보아야 할 방향을 종래 하나님의 종말론적 심판에서 하나님 나라의 완성에 초점을 맞추어 성경을 살펴보아야 그 심판의 역설을 깨닫게 될 것이다. 즉 심판이 있어야 새로운 창조가 시작된다는 성경적 역설이다. 앞서 언급했던 "목자가 양과 염소를 구분함과 같이"(마 25:31-32) 심판은 이중적이어서 의인에게는 역설적(Paradox)이다. "하나님의 날이 임하기를 바라보고 **간절히 사모하라.** 그 날에 하늘이 불에 타서 풀어지고 물질이 뜨거운 불에 녹아지려니와 우리는 그의 약속대로 의가 있는 곳인 **새 하늘과 새 땅을 바라보도다**"(벤후

3:12-13), 곧 완성된 하나님 나라에서의 **영생**이다. 그렇다. 이 예언의 성취로서 그리스도께서 우주를 심판하시려고 '영광의 왕'으로 다시 오실 때, 가장 중요한 문제는 '그 때' "우리가 어디에 있고 무엇을 하느냐"가 아니라, "주님께 속한 사람으로서 **얼마나 충성된 믿음으로 성장해 있느냐**"라는 관계성에 집중된다.

### ■ 바른 복음의 증언과 선포

지금 우리는 지옥의 형벌을 간과하거나 가볍게 여기는 현세에 취해 살고 있다. 심지어 심판과 지옥에 관한 성경의 가르침을 피하거나 축소하려 한다. 오늘의 교회 강도대(講道臺)는 귀를 가렵게, 마음을 즐겁게 하는 위문공연(?)을 펼치고 있는 셈이다. 분명히 말할진대 말씀이 증거 되는 강도대가 하나님의 진노를 정직하게 증언하기 꺼린다면 주님의 사랑도 정직하게 말할 수 없다. 그리스도의 참된 사랑을 정직하게 증언하고 선포하는 데 말씀을 가감한다는 것은 청자들(성도)을 파괴하는 것이며 모독하고 무시하는 것임을 유념해야 한다. 하나님의 진노는 자제력을 잃은 분노와는 거리가 멀다. '미래'에 성취될 일이 그리스도 안에서 '현재'로 실현되었던 것처럼, '미래'에 완결될 개개인의 구원도 '현재'에 이루어지고 있음을 직시해야 할 것이다. 이와 같이 미래에 대한 이해는 현재의 행위에 영향을 미친다. 그러므로 성도(聖徒, Christian)란 실제로 결백해서 의인이 된 것이 아니라 그리스도 십자가의 보혈로 죄 씻음 받아 주님으로부터 의롭다 칭함을 받은 칭의(稱義)의 성도이다. 온 세상이 처참한 멸망 속에서도 그리스도의 영광 앞에 서 있는 성도의 **두 눈에는 기대감을 가득 품고 기다리는 소망**으로 충만해야 한다. **세상의 심판을 통해 새로운 세상을 여시는 하나님이 내가 믿는 하나님**이기 때문이다. 그래서 심판은 두려움이 아니라 "**새 하늘과 새 땅을 바라봄**(Visio Dei)"이다. 성도가 광풍(狂風) 속에서도 안심하며 살아가는 이유는 '미래'가 있음을 확신하기 때문이다. 그 미래는 바로 예수 그리스도이시다. 우리는 주님 안에서 안전하기에 그 예수 그리스도께서 "**거기로부터 산 자와 죽은 자를 심판하러 오시리라**"고 당당하게 고백할 수 있는 것이다.

# III

## 크레도(Credo), "나는 믿습니다"

# 1. 나는 성령을 믿습니다

드디어 사도신경의 마지막 세 번째 항목에 이르렀다.

"나는 성령을 믿으며 거룩한 공회와 성도의 교제와 죄를 용서 받는 것과 몸의 부활과 영생을 믿습니다"로 이어지는 신앙고백은 성령에 관련하면서 동시에 종말, 즉 새 창조를 향한 기독교 신앙을 완벽하게 표현하고 있다.

**성령은 성부 하나님과 성자 하나님과 동일한 본질을 가지신 참되신 하나님이시다.** 이 같은 본질을 가지신 성령은 참 하나님이시므로 성부 하나님과 성자 하나님과 **성령 하나님**은 그 존재와 영광과 능력에 있어서 동일하시다. 그리고 이 삼위(三位)는 세 하나님이 아니라 **한 하나님**이시다.

**성령 하나님**은 하나님에게서 나오시는 참 하나님(요 15:26)이시므로 그 **신성**에 있어서 전혀 부족함이 없으신 **참되고 온전하신 하나님**이시다.

그래서 사도신경은 ["전능하신 하나님 아버지 천지의 창조주"로서 성부(聖父)를 믿고, "그 분의 유일하신 아들 우리 주 예수 그리스도", 곧 성자(聖子)를 믿으며, 나아가서 "성령"을 믿습니다]라고 고백하는 구조이다.

이렇게 관련지어 강조되는 성령은 **'성부, 성자와 동등한 하나님 이시다'**라는 사실이다.

우리말 성경은 삼위 되시는 하나님을 '성령', 또는 '영'으로 표현 하는데 구약은 (히)'르아흐'(ruach, 출 28:3; 시 16:9; 겔 18:31; 36:26-27), 신약은 (헬)'프뉴마'(πνεῦμα, 마 3:16, 4:1; 요 1:32-33; 4:24; 6:63; 행 2:4; 롬 8:2)라는 단어를 쓰며 이는 동의어다. 특히 성령에 대한 표현은 구약 에스겔 36장 26-27절이 압권이다. "또 새 영을 너희 속에 두고 새 마음을 너희에게 주되 너희 육신 에서 굳은 마음을 제거하고 부드러운 마음을 준 것이며 또 내 영 을 너희 속에 두어 너희로 내 율례를 행하게 하리니 너희가 내 규 례를 지켜 행할지라." 성령 하나님의 인격적 속성을 잘 표현해 주 고 있다.

그러므로 **성령**을 사도신경의 고백에 따라 **'성부, 성자와 동일하 신 하나님'**으로 이해하는 것은 매우 중요하다.

성령은 외적으로는 말씀을 통해, 내적으로는 믿음을 통해 일하 신다. 그렇게 일하시는 성령의 모습을 생명의 수여자와 보혜사와 거룩하게 하시는 분, 공동체의 영, 그리고 새 창조의 영으로 이해 해야 한다.

첫째, 성령은 생명을 주시는 수여자(授與者)이시다. 사도신경은 성령에 대한 신앙고백을 단순하게 "나는 성령을 믿으며"라고 언급하고 있는 데 반하여, 교회사의 아버지로 추앙 받는 유세비우스 (260-340년 경)가 제안하고 채택한 **니케아 신조**는 "주님이시요, **생명을 주시는 성령을 믿사오니** 성령께서는 아버지에게서 나오셨으니 아버지와 아들과 더불어 예배와 찬송을 받으시며 선지자들을 통하여 말씀하시는 분이십니다"라고 더 확장된 형태의 신앙고백을 보여 준다. 여기서 주목을 끄는 부분은 성령은 **생명을 주시는 분**, 곧 '**생명의 수여자**'로 고백한다는 점이다. 그 근거로 성경 고린도후서 3장 6절의 "율법 조문은 죽이는 것이요 영은 살리는 것이니라"는 말씀에서 찾고 있다. 이처럼 성령 사역은 생명적이다.

마르틴 루터는 1523년에 행한 사도신경 강설에서 교회는 성령의 '교유한 사역'으로 부활 가운데 **성령은 '살리시는 분'**으로 자신을 드러내신다고 강조하였다.

둘째는 성령은 보혜사 하나님(Parakletos)이시다.

예수님은 고난의 십자가를 지시기 전날 밤 제자들에게 "**또 다른 보혜사**"의 오심을 말씀하셨다. 요한복음은 "또 다른 보혜사"는 아들의 이름으로 아버지께서 보내시는 **진리의 영**으로서 영원토록 우리와 함께 계실 것이며 그리스도께서 우리에게 모든 것을 **가르쳐 주시며 생각나게 해주시는 분**(요 14:16, 17, 26; 15:26; 16:13)이라고 해석하고 있다.

즉 성령은 ① 성부, 성자와 더불어 똑같이 영원하신 하나님이시고, ②나에게 보내지신 보혜사로 특별한 직무를 담당하시며, ③참 믿음을 통해 그리스도 안에서 위로자가 되시고, 나와 함께 영원토록 거하시며(요 16:22; 14:16) 주님의 형상으로 변화하여 영광에서 영광으로 이르게 하신다(고후 3:18)라고 가르치신다.

셋째, 성령은 **거룩**하게 하시는 분(Sanctificator)이시다.

성령은 **교회**를 통해, 개인의 **사죄**를 통해, 그리고 **부활**과 **영생**을 통해 성도를 거룩하게 하신다. 이 **거룩함**은 **하나님**의 대표적인 **성품**이며 성도가 **하나님의 자녀된, 천국 백성이 된** 가장 **아름다운 성품**으로 이를 통해 세상을 변화시키는 분이 성령이시다.

아담의 불순종과 죄의 타락으로 인하여 거룩성을 잃어버렸던 인간이 **예수 그리스도의 공로**로 거룩함을 회복하고 성령께서 일하심을 통해 **거룩성 회복을 이끄신다**(고후 5:17; 살후 2:13–14; 벧전 1:2).

그러므로 거룩하게 하시는 성령은 믿음 안에서 우리의 마음을 비추시고 성령의 은사들을 허락하시고 이를 통해 성도는 중심에서부터 거룩해진다.

넷째, 성령은 **공동체의 영**(Spiritus Communicationis)이시다.

삼위일체론에서 성령은 성부와 성자를 연결시키는 분이다. 구원론에서 성령은 **예수 그리스도와 성도들을 연결**시키고 교회론에서 성령은 **성도와 성도를 그리스도의 몸으로 연결**시키시며 **교제하**

계 하시는 분이시다. 또한 성령은 성도들을 개별적으로 만나시고, 나아가 전체 **공동체의 지체로** 전체 안에서 믿음으로 **새 창조의 영** (Creator Spiritus)이시다.

새 창조의 영이신 성령은 부활과 영생을 이루시는 일을 하신다 (암브로시우스, 아우구스티누스, 루터). **성령께서 새 창조의 영으**로 부르는 **이유**는 **구원**이 새 창조의 **시작**이고 **종말**은 새 창조의 **완성**이므로 새 창조이신 성령 사역은 구원으로부터 시작하여 종말에 **구원의 서정**(성화)을 이루신다.

이상 네 가지 성품을 가지신 성령 하나님은 우리 안에 계셔서 놀라운 일을 행하신다.

그리스도와 함께 죽고 그리스도와 함께 일으킴을 받은 성도의 삶은 성령 안에 있는 삶이며, 성령의 지배를 받아 사는 삶이다.

그러므로 "성령이 우리 안에 계신다", 또는 "성령께서 내주하신다"는 표현은 같은 말이다.

그래서 예수님은 성령이 인격적으로 우리 안에 계시니라 말씀하신 다음 **"그 날에는** 내가 아버지 안에, 너희가 내 안에, 내가 너희 안에 있는 것을 너희가 알리라"(요 14:20)라고 말씀하셨던 것이다.

이는 예수께서 죽은 자들 가운데서 부활하시고, 승천하신 후에 약속하신 성령께서 강림하셔서 행하신 성령 시대에 그리스도와 함께 죽고 그리스도와 함께 일으킴을 받은 우리의 삶이 곧 성령 안에 있는 삶이며, 성령의 통치를 받고 사는 삶이라 할 수 있다.

이와 같이 '성령께서 우리 안에, 우리가 성령 안에 영원히 내주한다는 것'을 깨달은 후, 성도에게 주어진 한 가지 과제는 **"성령을 좇아 행하는 삶"**(갈 5:16), 즉 "**성령의 인도하시는 바 되는 것**"(갈 5:18)이다. 그것은 결국 성령께서 가르치시고 인도하시는 대로, 또한 성령의 힘을 의존해서 민감하게 따라가는 인격적인 삶을 사는 것이고, 그렇게 살 때 성령의 아홉 가지 맛, 즉 "사랑, 기쁨, 평화, 인내, 자비, 양선, 충성, 온유, 절제"가 조화되는 열매(성품)를 맺는(갈 5:22-23) 한편, 종래의 "음행, 더러운 것, 호색, 우상 숭배, 술수, 원수 맺는 것, 분쟁, 투기, 분 냄, 당 짓는 것, 분열, 이단, 시기, 술취함, 방탕, 또 그와 같은 것들"이 사라지게 된다(갈 5:19-21).

따라서 성령의 인도함을 받고 **성령을 좇는 성도**는 하나님 나라의 백성으로서 그 나라가 어떤 나라이며, 어떻게 시작되었고, 어떤 상황 가운데 있는지에 유의하며 그 나라와 의를 위해, 특히 그 나라를 중시하는 교회의 본질을 직시하여야 한다. 그렇게 될 때 교회가 참으로 교회답게 그 사명을 다하도록 '**교회의 지체**'로서의 모든 활동을 성령께서 주시는 지혜 가운데 행할 수 있는 유효한 힘을 발휘할 수 있게 되는 것이다.

그런데 성령 하나님에 대한 잘못된 곡해(曲解)가 온 교회를 어지럽히고 있는 것이 교회의 현실이요 아픔이다. 인격적인 성령을 **어떤 능력이나 기운(氣運)**으로 보고 내 속에 있는 어떤 것, 심지어는 내가 어떻게 해 볼 수 있는 대상으로 여기는 은사주의적 신유 사역과 능력 신앙, 그리고 교회 성장론의 수단화에서 비롯된 성령론의 오류로 영계를 어지럽히고 있는 것이다.

성령, 하면 즉각적으로 성령 강림 사건의 격렬한 현상만을 떠올리는데 이는 성령 하나님의 본질적 품성을 가리운다.

찬송가를 펴고 「제목 분류」 〈성령〉편의 182장에서 197장을 분석하면, 애창하는 대부분의 찬송이 **인간의 감정을 자극하여 힘을 복돋아 주는 기운 상승류(氣運上昇流)의 가사**와 곡인 것을 직감한다.

182장 '강물같이 흐르는 기쁨', 183장 '빈 들에 마른 풀 같이', 184장 '불길 같은 주 성령', 184장 '이 기쁜 소식을', 191장 '내가 매일 기쁘게', 192장 '임하소서 임하소서', 193장 '성령의 봄바람 불어오니', 194장 '저 거룩하신 주여', 197장 '은혜가 풍성한 하나님은' 등이 이런 부류의 노래들이다.

가사와 곡이 성령에 적합한 찬송은 186장 '진실하신 주 성령', 187장 비둘기같이 온유한, 195장 '성령이여 우리 찬송 부를 때', 196장 '성령의 은사를' 등이다. 특히 복음송(Gospel Song)이나 C.C.M 등으로 분위기를 북돋우는 것은 일종의 신성모독이라 할 것이다.

왜냐하면 무속 신앙에서 신을 부르는 행위나, 찬양 리더는 이미 세상에 오셔서 통치하시는 성령을 새삼 "주여! 임하시옵소서, 성령의 불길을 내려 주시옵소서"라고 괴성을 지르며 성령의 임재를 요청하는 사실에 착념해야 한다. 성령을 성부, 성자와 **함께** 하나님이시라고 고백하는 것은 실천적으로 우리들 성도의 삶에 절대적인 영향을 미친다.

하이델베르크 요리 문답 제53문은 성령에 대한 이해를 다음과 같이 요약해 준다.

(문) 당신은 성령에 관해서 무엇을 믿습니까?

(답) 첫째로, 나는 성령이 **성부와 성자와 함께** 영원하신 하나님
   이심을 믿습니다.

이 문답에서 성령을 고백할 때 "성부, 성자와 같이/처럼"이라고 하지 않고 "성부, 성자와 함께"라고 고백한다.

"같이/처럼"이라고 하면 '닮은 꼴'이 되어 원래의 뜻과 다르게 해석될 수밖에 없다.

그런 뜻에서 **성령은 성부와 성자와 "함께"의 하나님이시다.**

이렇듯 함께 하나님이시라는 사실은 우리들 성도로 하여금 성

령께 **'순종해야 한다'**는 당위성을 일깨워 준다. 찬송가에서 언급했듯이 우리는 성령을 '불러낼 수도', '마음속에 불일듯 일어나게 할 수도', '부흥사가 손에서 성령을 발사할 수도', 혹은 '내가 원하기만 하면 성령을 작용하게 할 수 있다'는 식의 주장은 반성경적이요, **'그렇게 할 수도 없다'**는 사실을 명확하게 이해하고 받아들여야 한다.

즉 인간은 성령을 '사용'할 수도 없고, 도리어 성령께 '순종'해야 할 피조물인 것이다.

기록자 사도 바울은 먼저 의문문을 사용하여 고린도 교회 성도가 하나님의 **성전**이라는 사실을 확인하고, 이어 가정법으로 하나님의 성전이 거룩하게 보존되어야 함을 경고한다.

**"너희가 하나님의 성전인 것과 하나님의 성령이 너희 안에 계시는 것을 알지 못하느냐?"**(3:16). '성령의 내주하심'을 마치 성령이 '자기 소유'인 것처럼 느끼게 하는 부류들, 그리하여 '자신의 정서', '자신의 감정', '자신의 충동'을 성령의 일하심으로 착각하여 성도들을 미혹케 하는 미성숙한 패륜을 흡사 고린도 교회의 상황인 양 1장, 2장에서 지적한 다음 **성령의 전** 곧 **"내 몸의 주인은 누구인가?"**를 묻고 있는 것이다.

**"하나님의 성전은 거룩하니 너희도 그러하리라"**(고전 3:17b).

고린도 교회 공동체가 '하나님의 성전'(나오스 데우, ναός θεός)

이 듯이 성도 또한 산성에 우뚝 선 예루살렘 성전과도 같은 존재이다. 세상을 밝히는 '성령의 전'인 나로서 "성령 그가 너희에게 모든 것을 **가르치고** 내가 너희에게 **말한 모든 것을 생각나게 하리라**"(요 14:26)라고 말씀하신 바 대로, 성령은 단지 능력 뿐만 아니라 하나님 바로 그 분이시므로 우리는 다음과 같이 사도신경을 고백한다.

**"성령을 믿사오며"**

"각 사람에게 성령을 나타내심으로 유익하게 하려 하심이라"(고전 12:7).

## 2. 거룩한 공교회와 성도의 교제와

"나는 성령을 믿으며, 거룩한 공교회와 성도의 교제를 믿습니다." 사도신경은 '성부, 성자, 성령 하나님을 믿는다'는 고백에서 이제는 '그분의 백성이 이 세상에서 살아가야 할 성도의 신분과 특성에 대한 고백'으로 전환한다. 먼저 여기서 깊이 생각해야 할 것은 성령(Spirit)과 교회(Church)는 불가불리(不可不離)의 관계에 있다는 점이다. '교회(教會)'를 가리키는 '에클레시아(ἐκκλησία, 불러냄을 받은)'는 원래 그리스 사회에서 정치적 집회를 의미하는 것으로 통용되었었다. 사도행전 19장 39절에 '에클레시아'가 **민회(民會)**로 번역되어 있는 것이 그 좋은 사례라 할 것이다. 이처럼 법에 따라 소집된 시민의 모임, 혹은 회집을 의미했던 '에클레시아'라는 단어가 신약 성경에서 "그리스도 안에서 **하나님의 부름을 받은 사람들의 모임, 곧 교회**"로 새로운 종교적 의미로 통용되게 된 것은 **성령 안**에서이다. 언필칭 그리스도를 머리로 하여 **성령을 통해 믿음으로 함께 부름을 받은 하나님의 거룩한 백성**들이기에 **교회(에클레시아)**를 '그리스도의 교회(Ecclesia Christi), 하나님의 교회'라고 지칭한다. 그러므로 교회는 하나님의 구상이며, 하나님은 자신을 위해 친히 세우셨다. 따라서 성령이 떠난 교회는 교회일 수 없고, 하나님의 말씀이 없는 교회 역시 교회가 아니다. 교회는 결코 사람이 세우거나 개척하거나 운영하거나 유지해 나가는 기관이 아니다. 그래서 **하나님은 지금도 교회를 모으시고, 보호하시며, 보존하신다.** 이와 같은 의미에서 사도신경은 **교회를 거룩하다**고 고백하고 있으며, 니케아-콘스탄티노플 신조에서는 **하나의**(Unitika) 교회, **거룩한(Sancta) 교회, 보편적(Katholikes) 교회, 사도적(Apostolika) 교회를 믿습니다**라고 고백하고 있는 것이다.

하나님은 사도 바울을 통하여 지상에서 가장 문제가 많은 고린도 교회 성도들에서 교회의 속성을 "고린도에 있는 하나님의 교회 곧 그리스도 예수 안에서 거룩하여지고 성도라 부르심을 받은 자들과 또 각처에서 우리의 주 곧 그들과 우리의 주 되신 예수 그리스도의 이름을 부르는 모든 자들(고전 1:2)"이라고 정의하였고, 또 그래서 교회는 하나님께 속한 하나님의 소유이며, 사도들에 의해 설립되고 사역이 이루어진다고 하였다(고전 3:6). 그러므로 교회의 시작은 하나님께 있고 하나님에게서 났다(1:36). 따라서 교회의 목적은 하나님을 향함이며(3:21-23), 하나님께 영광을 돌리는(10:31) 신앙 공동체임을 인식하여야 한다. 교회는 인종과 국경과 문화와 신분을 뛰어넘어 믿음으로 '**하나됨**'(연합)을 추구한다 (요 17:21). 이와 같이 예수님을 메시아/그리스도로 고백하고 복음을 인정하는 곳에는 항상 **하나인 교회가 존재**한다는 것이 성경의 가르침이다. 그러므로 우리는 복음을 소중히 여기고, 성경을 올바로 전하며, 예수를 그리스도로 고백하고, 이신칭의 교리를 가르치는 곳에 교회가 존재한다는 진리를 항상 기억해야 한다.

요한복음 17장은 예수님이 제자들로부터 배신을 당하신 날 밤, 성부께 드린 기도이다. 이 기도는 오직 성부께 영광을 돌리기 위한 청원으로서 "**아들로 아버지를 영화롭게 하게 하옵소서**"(1절b)라는 간구임과 동시에 자기 **백성을 거룩하게** 해 주시라는 간절한

기도이다. 원래 '**거룩한 교회**'라는 표현은 이미 신약 성경에 언급
되었다(고전 14:33; 엡 5:27; 벧전 2:5, 9). 그런데 사도신경은 '단
수'(單數, The Singular Number) '내'가 아닌 '**복수**'(複數, The
Plural Number) '**우리**'를 강조하고 있다. **교회가 다중(多衆)의 모
임 공동체**이기 때문이다. 이 다중의 모임 공동체가 '하나 되도록
부르심'을 받은 교회(요 17:20-23)이기에 **마르틴 루터**는 '교회의
거룩성'을 칭의와 사죄의 은혜로부터 성립되었다고 일관되게 이해
하였다. 즉 교회가 거룩한 것은 죄인이었던 인간이 성령으로 죄
사함 받은 은혜로 그리스도의 지체가 된 것이지 인간 자신의 수양
이나 경건의 노력으로 중생한 것이 아님을 분명히 강조하고 있다
는 점이다. 그러한 관점에서 루터는 항상 '**교회의 거룩성**'을 능동
적(Sacred Active)이 아닌 전적인 '**하나님의 주동적 결단**'으로 말
미암은 **인간의 수동적(Sacred Passive) 은혜(선물)**로 이해하였다.

  장 칼뱅도 「기독교 강요」에서 '교회의 거룩성'에 대해 에베소서 5
장 25-27절을 석의하면서 "**거룩한 교회**란 죄 사함을 통해 구원
받은 신자들이 거룩하게 다듬어지는 하나님의 **은혜의 도구로서
의 교회(에클레시아)**를 말하는 동시에 그 안에서 성령의 거룩하게
하시는 일을 통해 나날이 **성화(聖化)**되어져가는 신자들의 **공동체**
를 말한다"라고 정의한다. **교회와 거룩함을 서로 긴밀하게 연결되**

어진 관계로 진술하면서, 그 핵심이 '**오직 성경(Sola Scriptura)**'임을 변증할 것이다. 그런 의미에서 교회는 사람의 힘으로 세워지거나 유지될 수 있는 공동체가 결코 아니다. **그리스도께서** 친히 약속하시고 이루시는 대로, **주님께서** 친히 세우시고 보호하시며 보존하시는 공동체이기에 '**거룩한 공교회**'라 일컫는다. 또한 교회 공동체를 이루는 지체(肢體)들이 특별히 거룩하고 무죄한 사람들이라서가 아니라 인간의 신앙적, 사회적 죄에도 불구하고 그 가운데 역사하시는 **성령의 힘**에 의해 **구원의 서정**으로 인격의 죄상을 자르고(절, 切), 갈고(차, 磋), 쪼아내 다듬고(탁, 琢), 문질러(마, 磨) 빛을 내는 과정을 거치면서 거룩한 무리, 곧 성도(聖徒)로 성숙되어 가는 것이다. 이 '**거룩한 무리**'의 **모임**이 곧 '**공교회**'이며, '공교회'는 그래서 본질상 **이중적 움직임으로 존재**의 가치가 있다. 그 하나는 앞서 언급한 교회의 지체인데 매우 수동적으로 성령께서 움직이게 하셔서 하나님이 기뻐하시는 '**거룩한 산 제물**'이 되게 하는 **내적 변화의 움직임**이고, 다른 하나는 **주님의 증인**으로 당당히 땅을 밟고 일어나 이 세상에서 가장 강력한 음부의 권세도 이기지 못하는 그리스도의 **복음**을 주도적으로 **전파**하는 용기 있는 **외적 확장의 움직임**이다. 이 사명을 맡은 우리는 듣는 사람에 따라 복음 메시지를 수정하는 것이 아니라, 듣는 사람을 복음에 맞춰 변화시킬 수 있다(롬 12:2). 그러므로 '거룩'하고 '보편적'인 교회의 근거는 현재의 교회가 도덕적, 윤리적 완전성에 있는 것이 아니라, 그들의 불완전성에도 불구하고 교회를 교회되게 하는 **성령의** 치열한 사역에 있다 할 수 있다. 따라서 교회 본연의 속성과 특성을 드러내는 생명력 넘치는 교회로 세움받은 공동체가 **참 교회**이며, 이 교회를 이루는 지체들이야말로 성령 안에서 그리스도와 함께 일으킴을 받고, 그리스도와 함께 죽는 **"거룩한 자들의 교통"**(Communio Sanctorum)으로 선순환 된다. 그리고 이런 까닭에 우리는 **"거룩한 공교회와 성도의 교제를 믿습니다"**라고 고백할 수 있는 것이다.

그렇다면 **'성도의 교제(교통)란 무엇인가?** 하나님께서는 사도 바울을 통하여 에베소 교회에 "몸이 하나요 성령도 한 분이시니 이와 같이 너희가 부르심의 소망 안에서 부르심을 받았느니라. 주도 한 분이시요 믿음도 하나요 세례도 하나요"(엡 4:4-5)라고 말씀하신 것은 교회의 지체로서의 **성도의 교제(코이노니아,** κοινωνία, Fellowship)가 유기적(Organic)으로 그리스도의 모든 유익에 참여하는 것으로 가르친다. 즉 동일한 화해, 구속, 칭의, 성화, 생명, 구원 등 이 모든 것이 그리스도에 의해 모든 성도들에게 주어졌기에 우리 성도 또한 구원에 필요한 모든 유익을 유기적으로 소유하고 있다는 교제(Fellowship)의 의미를 인식하는 삶을 요구하고 있다. 또한 성도의 교제에 있어 근본이 되는 것은 모든 성도들이 그리스도와 영적인 연합이 이루어졌다는 성경적 삶의 확증이다. 성령께서는 교회 공동체를 이루는 지체 안에 내주하시기에, 교회의 머리이신 그리스도의 인격을 닮는 성도의 삶이 곧 성경적 삶이다(요 15:4,5; 고전 12:13; 롬 8:9; 고전 6:17). 그러므로 모든 성도들은 자신들에게 주어진 모든 은사들을 우리의 머리이신 그리스도의 영광을 위하여, 그리고 나의 구원과 각 지체들의 상호 구원의 온전함을 위하여 상합하고 헌신할 의무를 갖는다. 따라서 우리가 사도신경에서 **"성도의 교제를 믿습니다"**라고 고백하는 그 내용은 모든 성도가 성령으로 머리이신 그리스도와 연합된 관계에서 **교회와 세상을 섬기기 위한 다양한 은사들이** 각 지체들에게 주어진다는 것을 **믿는다**는 그 믿음을 고백하는 것이다.

그러면 우리 한국 교회는 사도신경에서 이 고백을 어떻게 이해하고 믿어 왔을까? **(옛)"거룩한 교회와 성도가 서로 교통하는 것을 믿습니다"** 즉 **"거룩한 교회"**와 **"성도"**, 이 둘이 서로 교통하는 것으로 잘못 이해하는 분위기는 아니었던가! 그러나 라틴어 사도신경의 교회 고백 부 **"거룩한 보편적 교회를 믿는다"**(상크탐 에클레시암 카톨리캄, Sanctam Ecclesiam Catholicam), 뒤에 **"성도의 교제"**(상크토룸 콤뮤니오넴, Sanctorum Communionem)가

덧붙여져 있음을 본다. 그런데 여기 Sanctorum Communio의 해석이 교회사에 큰 영향을 끼쳤다.

첫째는, '성도의 교제'에서 ('성도', 영어에서라면 saint) **성도(聖徒)를 '성인(聖人)', '성자(聖子)'로** 보는 로마가톨릭교회는 "땅에 있는 성도와 하늘에 있는 거룩한 성도들의 교제"로 이해하여 우리가 "성도의 교제를 믿습니다"라고 고백하고 있는데 이 부분을 "**성인들의 통공(通功)을 믿습니다**" 즉 "땅에 있는 성도와 하늘에 있는 거룩한 성인들과의 교제"라고 믿는 것이다. 교회 내 계급주의를 정당화하려는 무리한 주장(고백이 아닌)이다. **둘째**는, '성도의 교제'에서 **하나님의 백성들 한 사람 한 사람의 거룩한 '성도'로서 상호 간의 교제**가 있다는 단순한 입장이다. 현재 '성도의 교제'를 '사람의 사귐'으로 이해하는 세속적 풍토가 교회를 어지럽힌다. **셋째**는, '성도와 성도 간의 교제'가 아닌 '**거룩한 것과의 교제**'로 이해하는 입장이다. 예배의 특징인 '거룩한 것', 곧 그리스도의 피(포도주)와 살(빵)을 나누는 성찬의 의미를 항상 예배와 삶에 살리며 그 신비의 사귐으로 연합을 이루는 삶이 성경이 말씀하는 **교제(코이노니아)** 곧 "**그리스도께 접붙임 바 되는 생명적 관계**"를 의미한다. 그러므로 교회사에서 "상크토룸 콤뮤니오의 핵심은" '**거룩함과의 교제**'에 있다는 것을 명심하고 고백할 때, 교회는 소금처럼 맛

깔스럽고, 등경 위의 등불처럼 온 세상을 빛낼 것이다. 그러하기에 우리는 **"거룩한 공교회와 성도의 교제를 믿습니다"**라고 확신 있게 고백할 뿐만 아니라 나아가서 삶으로 빚어내야 할 의무가 있는 것이다.

"사랑하는 주님 예수 같은 주로 섬기나니 / 한 피 받아 한 몸 이룬 형제여 친구들이여 / 한 몸 같이 친밀하고 마음으로 하나 되어 / 우리 주님 크신 뜻을 지성으로 준행하세"(찬송가 220장 3절).

## 3. 죄를 용서 받는 것과

'성도의 교제(코이노니아, κοινωνία)'란 근원적으로 성령 하나님께서 교회의 머리이신 예수 그리스도로 구원 받은 성도들을 불러 교회로 연합함으로써 생명적으로 교제하며 주님을 닮도록 이끄심을 말한다. "나는 포도나무요 너희는 가지라", "내 안에 거하라 나도 너희 안에 거하리라", "가지가 포도나무에 붙어 있지 아니하면 스스로 열매를 맺을 수 없음 같이 너희도 내 안에 있지 아니하면 그러하리라"(요 15:4-5). "우리가… 다 한 성령으로 세례를 받아

한 몸이 되었고"(고전 12:13), "누구든지 그리스도의 영이 없으면 그리스도의 사람이 아니라"(롬 8:9), "주와 합하는 자는 한 영이라"(고전 6:17), "그의 성령을 우리에게 주시므로 우리가 그 안에 거하고 그가 우리 안에 거하시는 줄을 아느니라"(요일 4:13). 우리가 사도신경에서 "거룩한 공교회와 성도의 교제"를 고백하는 내용은 모든 성도들이 성령에 의해 자신들의 머리이신 그리스도와 연합하고, **교회**를 이루어 주님의 영광을 위한 다양한 은사들이 각 지체들에게 다양하게 주어진다는 그 생명적 사귐을 믿는 것이다. 이어서 **"죄를 용서 받는 것을 믿습니다"**라고 고백하는 것은 구원에 감격하여 순수한 믿음으로 성화를 이루어가는 것을 특징적으로 설명해 준다.

골로새서 1장 13-14절 "그가 우리를 흑암의 권세에서 건져 내사 그의 사랑하는 아들의 나라로 옮기셨으니 그 아들 안에서 우리가 속량 곧 죄 사함을 얻었도다"라는 사도 바울의 변증은 "그 아들 그리스도를 믿음으로 **'속량(贖良, 아폴뤼트로시스, απολυτρωσις)', 곧 죄 사함을 얻었다**"는 뜻이며, 이는 구약 성경의 배경을 가진 언어이다. 즉 **'속량'**은 하나님의 백성 이스라엘이 420년간 이집트의 노예 상태에서 해방될 때 사용했던 단어로서 신약 성경에서는 예수님께서 당신이 이 세상에 오신 목적을 "인자가 온 것은… 섬기려 하고 자기 목숨을 **많은 사람의 대속물로 주려 함이니라**"(막 10:45)로 나타낸다. AD.418년 카르타고공의회는 아우구스티누스(Augustinus, 354-430)의 영향을 받아 **"우리 죄를 용서 받는 것을 믿습니다"**라고 고백하는 것이야말로 **지상의 '교회'가 죄 사함을 받는 자들의 모임일 뿐만 아니라 계속해서 죄 사함을 받아야 하는 공동체**임을 밝히고 있다. 그러므로 그리스도의 **'교회'란 끊임없이 죄 사함이 일어나는 공동체**라는 의미가 가능하다. 달리 표현하면 **"교회란 죄인들이 모인 거룩한 공동체"**라고도 정의할 수 있을 것이다. 따라서 우리가 참으로 그리스도의 몸인 교회에 속하여 있을 때 누리게 되는 큰 유익의 하나는 우리의 죄가 용서된다는 사실에 있다. 교부 시대 이후, 참된 교회는 항상 "죄를 용서받는 것을 믿습니다"라고 사죄의 은총을 고백하기를 그치지 않았고, 이 고백은 그리스도께서 재림주로 오시기까지 이어질 것이다.

예수를 구주로 고백하고 그리스도인이 되었다면, 먼저 자기 자신의 '과거의 죄'에 대한 하나님의 용서를 참으로 심각하게 받아들이고 있는지를 항상 스스로 물어야 한다. 사죄의 은총을 받은 이는 먼저 죄를 죄로 여긴다. 죄를 죄라고 여기지 않는다면 이는 진정 용서를 받았다라고 할 수 없다. **죄란 하나님이 더 이상 하나님**

이기를 바라지 않는 것을 의미한다. **죄는 우주적인 반역 행위이**다. 하나님을 거스르는 죄는 그분을 보좌에서 밀어내고 그 자리에 '내'가 올라앉는 것이다. 한마디로 **하나님의 영광을 탈취하여** 자기 뜻대로 행하려는 징벌적 행위이다. 이렇게 볼 때, 죄에 대한 깊은 인식과 죄 용서, 이 둘은 불가불리(不可不離)의 관계이다. 진정 죄 용서함을 받은 사람만이 죄를 하나님께서 보시는 관점에서 심각하게 여긴다. 죄는 하나님의 존엄과 엄위에 대한 침해요, 그의 법에 대한 고의적 침해라고 인정할 때에야 비로소 죄를 제대로 인정하게 된다. 그래서 우리 인간의 죄는 참으로 심각하기 그지 없다. 그러함에도 인간이 범한 그토록 엄청난 죄를 하나님께서 용서로 덮으셨다는 그 놀라운 사실, 이 사죄(赦罪)가 곧 하나님의 사랑이요 복음(좋은 소식)이다. **"우리가 믿음으로 의롭다 하심을 얻었은즉"**(롬 5:1)이라는 칭의의 교리가 그래서 중요하다. 세상의 절대 권력을 남용하여 한 가정을 폐망(廢亡)시킨 다윗 왕의 완전 범죄(?)에 대하여 하나님은 간과하지 않으시고 선지자 나단을 통하여 찾아가서 회개할 수 있는 기회와 회복할 수 있는 은혜를 베풀어 주셨다(삼하 12장, 시편 51편).

그러므로 본 사건의 중심 인물은 참회하는 다윗이 아니라 회복시키시는 사랑의 하나님이시다. 다윗은 "내가 주께만 범죄하여 주의 목전에 악을 행하였사오니"(시 51:4)라고 자복한다. 이 한탄은 다윗이 밧세바와 부정(不淨)을 저지르고 그의 남편 우리야 장군의 죽음을 교사(敎唆)한 악행을 범했으나, 다윗은 자신의 범죄가 하나님을 향한 것임을 깊이 자각하고 통절히 참회하고 있다(삼하 12:13). "내가 죄악 중에서 출생하였음이여 어머니가 죄 중에서 나를 잉태하였나이다. 보소서 주께서는 중심이 진실함을 원하시오니 내게 지혜를 은밀히 가르치소서"(시 51:5-6). 지금 다윗은 하나님의 징계를 면하게 해 달라고 구하고 있는 것이 아니다. 그는 죄의 본질을 정확히 인식하고 있으며, 자신의 죄가 하나님을 거스른 행위라는 사실을 통렬히 참회하면서 자신의 죄의 뿌리가 출생 이전부터 뼛속 깊이까지 박혀 있음을 탄식하며 소멸해 주실 것을 청원하고 있다. 다윗은 하나님께 위임받은 권력으로 다른 남자의 아내에게 무서운 죄를 저질렀다. 그리고 그녀의 남편 우리아 장군을 전쟁터에서 죽게 만듦으로써 자신의 죄를 가중시켰다(삼하 11장). 그러나 선지자 나단의 예리한 송곳 같은 죄악의 지적과 책망에 그는 즉시 회개의 자리에 고꾸라졌다. 여기서 다윗이 가장 두려워한 것은 현실적인 자존심이나 어떤 고통보다 하나님과의 관계 단절, 즉 자신이 저지른 엄청 큰 죄 때문에 하나님께서 자신을 버리실까 하는 것을 가장 두려워했던 것이다. 부도덕한 사회일수록 죄 자체를 두려워하지 않고 징계를 두려워하는 경향이 강한데, 이와는 판

이하게 다른 점에서 다윗의 훌륭함을 보게 된다. 그렇게 참 회개한 다윗에게 하나님은 이스라엘의 통치권을 다시 맡기신다.

성경은 인간의 죄가 그것이 과거의 죄이든, 현재의 죄이든, 심지어 미래의 죄이든 하나님께서 친히 그 주도권(initiative)을 가지신다 전한다.

모든 인간은 죄로 인해 하나님 앞에 정죄 당한 비참한 상태에 놓여 있다. 그래서 임박한 종말과 하나님의 심판을 피할 수 없다.

그렇다면 인간이 할 수 있는 일은 무엇일까? 아무것도 없다. 그러면 인간에게 필요한 것은 무엇일까? 성부 하나님의 선제적 은혜, 곧 죄 사함이다. 이것이 예수 그리스도의 속죄(贖罪)가 필요한 이유이다. 우주의 법정 안에서 그분의 속죄가 이루어지는 순간, 절망은 희망으로 대전환을 한다. 그래서 예수 그리스도께서 십자가에서 이루신 속죄가 인류의 유일한 희망이 된 것이다. 히브리서는 그리스도께서 우리의 대제사장이 되어 우리의 죄를 위한 속죄제물이 되셨다는 구원의 진리를 말씀하고 있다(히 9:24-26).

죄 사함을 믿는다고 고백하는 것은 곧 예수님이 죄인들을 구원하기 위해 오셨다는 성경의 가르침에 동의하는 것이다(딤전 1:15).

로마서 5장 8절과 요한복음 3장 16절의 말씀처럼 영생의 선물이 가능해진 이유는 하나님의 백성이 지은 죄가 모두 예수님께 전가(轉嫁)되었기 때문이다. 그리고 이토록 유일한 하나님의 아들에게 진노를 남김없이 쏟아 부으신 것은 인간이 철저하게 부패했고 타락했기 때문이다.

그런 죄인들을 위해 예수님은 십자가를 지시고 대속의 형벌을 받으셨다. 그래서 이 **십자가의 대속 제물**이 **인간의 죄 용서에 대한 유일한 근거**가 된다. 성경은 전반적으로 이 사실을 분명하게 진술한다.

▲ "이 예수를 하나님이 **그의 피로 인하여** 믿음으로 말미암는 화목 제물로 세우셨으니"(롬 3:25).

▲ "예수는 우리의 범죄함을 인하여 **내어 줌이 되고**"(롬 4:25).

▲ "우리가 아직 죄인 되었을 때에 그리스도께서 우리를 위하여 **죽으심으로**… 이제 우리가 **그의 피로 인하여 의롭다** 하심을 받았으니… 곧 우리가 원수 되었을 때에 그의 아들의 **죽으심으로 말미암아 하나님과 화목하게** 되었은즉(롬 5:8-10).

▲ "그리스도께서 우리를 위하여 **저주를 받은 바 되사** 율법의 **저주에서 우리를 속량하셨으니**"(갈 3:13).

이상의 말씀처럼 예수님께서 십자가에 죽으신 것은 주님이 구원의 주 그리스도로서 인간의 죄에 대한 형벌과 저주를 친히 담당하심으로써 우리가 구원을 얻은 것이다.

그러므로 예수님은 죄인된 인간을 위하여(For us) 죽으셨고, 죄인의 자리에서(In our place), 죄인된 우리 인간을 대신해서(On behalf of us) 형벌의 죄 값을 온전히 지불하심으로써 우리가 '**죄 사함**', 곧 '**죄 용서**'를 받은 것이다. 이것이 예수 그리스도의 십자가 사건의 본질적 의미이며, '죄 용서' 교리의 핵심이다.

그러므로 "구원을 얻었다"와 "죄 사함을 받았다"는 말은 동의어(同義語)이다.

그렇다면 '죄 용서가 이루어지는 좌소(座所)'는 과연 어디일까?

사도신경에서 죄 용서는 '성령론' 안에 위치해 있고, 그 중에서도 특히 '교회론' 안에 있다.

"**나는 죄를 용서받은 것을 믿습니다**"라는 고백은, "**나는 성령을 믿습니다, 나는 거룩한 보편적(Catholic) 교회**, 곧 성도의 교제를 믿습니다." 바로 그다음에 고백되어진다.

따라서 '죄 용서'가 "거룩한 공교회, 곧 성도의 교제를 믿습니다"라는 고백과 연결되어 있음을 알 수 있다. 이는 바로 "**교회 밖에는 구원이 없다**"라는 교리와 맥을 같게 한다.

"**거룩한 공교회란 성도의 교제인바, 이는 오직 거기에 죄 용서함이 있기 때문이다.**"

니케아신경은 **교회의 속성**을 '단일성(하나의)', '거룩성(거룩한)', '보편성(공/보편적)', '사도성(사도적)' 등 네 가지를 갖는다고 말한다. 특히 이 중 "왜 교회가 거룩한가?"라는 물음에 신경은 "왜**냐하면 교회 안에 죄 사함이 있기 때문입니다**"라고 대답하고 있는데, 이는 '거룩'은 반드시 '죄'와 관련되어 있으며, 그러므로 **교회가 거룩한 것**은 교회가 '**죄를 용서하는 공동체**'임을 끊임없이 고백하고 있기 때문이다.

장 칼뱅은 제네바 교리문답에서 다음과 같이 가르친다.

104문 : **왜 죄 사함에 대한 고백이 공교회에 대한 진술 다음에 있습니까?**
답 : 왜냐하면 먼저 하나님의 백성이 되고 그리스도의 몸인 교회와 한 지체가 되지 않으면 **누구도 죄를 용서받을 수 없기 때문**입니다.
105문 : **교회 밖에는 저주와 죽음만이 있습니까?**
답 : 예, 그렇습니다. 성도의 무리로부터 떨어져서 분파를 만드는 사람들에게는 구원의 소망이 의미가 없게 되는 것입니다.

'하나님의 거룩한 교회'를 형성하고 있는 성도들은 교회를 '**은혜의 수단**'을 위한 청지기로서 '**죄가 있는 것이 당연한 공동체**'가 아닌 '**죄를 소멸시키는 공동체**'로서 **교회의 표지(標識)**가 확고하게 드러나야 한다. 즉 하나님의 **말씀**이 순전하게 선포되고 경청되며, 그리스도께서 제정하신 **성례(세례, 성찬)**가 바르게 베풀어지며, **권징(勸懲)**을 공명정대하게 시행함으로써 교회의 순결과 질서가 바르게 세워져 갈 때, 주님의 참 교회의 존재 이유는 분명하다.

왜냐 하면 **말씀**과 **성례**와 **권징**은 '**죄의 용서**'와 **밀접한 관계**가 있으며, 이는 곧 아무리 생소하고 결점 투성이라 할지라도 구원의 서정(성화)으로서 하나님이 친히 예수 그리스도를 모퉁이돌로 삼아 **선지자와 사도들의 터 위에 세우신 교회**(엡 2:20)에서만 죄의 용서를 찾아 볼 수 있기 때문이다.

**"사랑하는 자들아 네 죄가 사함을 받았느니라"**. 이 말씀 앞에 필자는 날마다 때마다 옷깃을 여민다.

# 4. 몸의 부활과 영생을 믿습니다

  사도신경은 성부 하나님께 대한 신앙에서부터 성자 예수 그리스도께 대한 신앙, 그리고 성령 하나님께 대한 신앙에 대한 고백의 세 단계로 이루어져 있다.

  성부와 성자와 성령, 곧 삼위일체 하나님을 신앙으로 고백하는 구조인데, 기독교의 어떤 신앙고백도 다 이 골격으로 이루어져 있다. 사도신경은 "나는 전능하신 하나님, 천지의 창조주를 믿습니다"라는 신앙고백으로 시작하여 "몸의 부활과 영생을 믿습니다"라는 부활과 영생에 대한 신앙고백으로 마치고 있다.

  인간이 가지고 있는 가장 근본적인 본능은 '영생'일 것이다.

  그래서 인간은 불로장생(不老長生)을 소원한다. 그러나 기독교의 영생은 그 뜻이 불로장생과는 전혀 다르다. 영생은 성도들이 죽은 후에 시작되는 시간적 개념이 아니라 예수 그리스도를 믿는 그 순간이 맺어지는 하나님과의 '생명적 관계'를 말한다. 이 점을 가장 잘 강조하고 있는 성경이 요한복음이다.

  하나님께서 요한을 통하여 복음서를 기록한 목적을 이렇게 진술하고 있다. "오직 이것을 기록함은 너희로 예수께서 하나님의 아들 그리스도이심을 믿게 하려 함이요 또 너희로 믿고 그 이름을 힘 입어 **생명을 얻게** 하려 함이니라." 또한 예수님께서도 친히 말씀하시기를 "내 말을 듣고 또 나 보내신 이를 믿는 자는 **영생을 얻었고** 심판에 이르지 아니하나니 **사망에서 생명으로 옮겼느니라**"(요 5:24)고 하셨다.

이는 예수 그리스도를 구주로 믿고 '죄 용서함'을 받은 일에서 이미 우리가 영생에 참여하는 일이 시작된다는 그리스도의 선언이다. 그러므로 '죄의 용서'가 구원의 접촉점이라면, 구원의 완성(영화, 榮華, 롬 8:30)의 두 사건이 부활과 영생이다. 따라서 부활과 영생 없이 영화는 불가능하다. 하나님의 나라가 예수 그리스도의 사역으로 말미암아 이 세상 안에서 이미 시작되었으므로 우리 믿는 성도 또한 지금 여기 삶의 터전에서 이미 그 하나님 나라에 참여할 수 있는 것이고, 이처럼 하나님 나라에 참여하는 이들은 이미 영생에 참여한 것이다.

이와 같은 맥락에서 사도 바울은 빌립보서 3장 21절에서 이렇게 변증한다. "그는 만물을 자기에게 복종하게 하실 수 있는 자의 역사로 우리의 낮은 몸을 자기 영광의 몸의 형체와 같이 변하게 하시리라."

이 말씀은 예수님을 믿는 성도들의 마지막 영화로운 모습이 그리스도의 부활과 영생을 이루시는 사역에서 가능케 됨을 알려 주고 있다.

부활과 영생에 대항 신앙고백은 두 개의 신앙고백이 아니라 우리 구원의 완성을 소망하는 종말론적 완성에 대한 하나의 연속적인 사건에 대한 고백이다.

부활은 영생을 위한 부활이고 영생은 부활을 통한 영생이다. 그러므로 부활과 영생은 인간의 삶이 하나님의 종말론적 완성 행동에 의해 성취되는 창조의 완성이요 구원의 완성이 된다.

한 마디로 영광스러운 하나님에 의해 영화롭게 된 인간의 최종적 모습인 것이다.

이를 위하여 '죄 용서'가 있었고, 죄 용서를 위하여 성자의 구속사역이 있었다. 우리가 예수님의 사역 중심을 "하나님 나라"라고 말하는 이유도, 곧 하나님 나라가 부활과 영생의 전체적 자평이기 때문이며, 부활과 영생은 하나님 나라의 개인적 구체화된 모습이다.

그렇다면 이 땅에서 예수님을 그리스도로 믿고 고백함으로써 이미 영생과 하나님 나라에 참여한 성도들이 죽으면 어떻게 되는 것일까?

신자인 우리가 죽으면 우리의 몸은 한 줌 흙으로 돌아가 썩지만, 우리의 영혼은 하나님이 계신 곳, 그 하늘(heaven)에서 그리스도와 함께 하나님 면전(面前)에 있게 된다. 그것이 물리적으로 죽은 성도들의 영생의 모습이다.

그리고 그 모습은 기쁘고 즐거우며, 이미 안식에 들어간 감사의 상태이다.


### ■ 육체의 부활을 믿습니다

그런데 사도신경에서 우리는 "**몸의 부활과 영생을 믿습니다**"라고 종말론적 신앙고백을 한다. 여기 몸은 '육체'를 가리키는 바 전인(全人)의 부활을 말한다.

오늘 날 교회가 부활 신앙을 변증할 때, 걸림돌이 되는 문제가 영혼불멸론(靈魂不滅論)인데, 그 이유를 먼저 알고 넘어가는 것이 부활 신앙을 바로 아는 지름길이 될 것이다.

인간은 죽음을 극복하는 두 가지 내세관을 가지고 있다. 하나는 영혼불멸론으로 대부분의 자연 종교와 헬라 철학과 거기에 기반을 둔 이원론적 세계관이고, 다른 하나는 부활 신앙이다.

영혼불멸론은 인간은 육체와 영혼으로 구성되어 있으며 육체는 사멸적(死滅的)이나 영혼은 불멸적(不滅的)이라는 세계관이다. 이 영혼불멸론을 가장 체계화시킨 자가 헬라의 철학자 플라톤(Platon, BC427-347)이다. 그의 사상은 헬라의 철학뿐 아니라 인류 전체에 심대한 영향을 끼쳤을 뿐만 아니라, 그의 이원론적 인간론과 영혼불멸론을 떠나서는 기독교의 종말론과 인간론이 설명되지 못할 정도로 악영향을 끼쳤다.

플라톤은 인간을 영혼과 몸의 이원론적 구성체로 보았으며, 죽음에서 영혼이 자신의 감옥이었던 육체로부터 해방되어 완전히 자유로운 이상적 상태에 이른다고 보았다.

성경은 하나님의 형상으로 지으신 육체에 스스로 만족하셨다. 아담의 범죄로 타락한 육체를 부정적으로 보는 경우는 인간의 부패하고 타락한 죄악을 지칭한 것이지(마 15:18-20), 육체 자체를 죄악시하지는 않는다(갈 5:16 이하).

육체를 부정하는 것은 하나님의 창조 사역을 부정하는 것이다.

성경은 죽음을 죄에 대한 심판으로 말하며 생명이 하나님께 속한 것인 반면, 죽음은 하나님과 분리되는 결정적 운명으로 파악하기 때문에 어떤 경우에도 죽음 자체를 미화하지 않는다(롬 6:23). 그러나 플라톤에게는 죽음 자체가 구원이며 영혼의 해방의 순간이 되므로 성경의 죽음과는 전혀 다르다.

사실 사도신경이 형성된 시기는 플라톤주의의 전성시대였다. 플라톤주의의 설명을 떠나서는 어떠한 진리도 설명이 불가능할 뿐만 아니라 이해도 되지 않는 시기였다. 그럼에도 불구하고 사도들은 그 안에 영혼불멸을 위한 어떠한 틈이나 배려도 허락지 않고 분명히 "육체의 부활"을 가르쳤다.

고린도전서 15장은 육체의 부활에 대한 약속과 그것이 기독교적 희망의 핵심이라는 점을 분명하게 보여 준다. 그래서 바울은 부활을 설명할 때 철저하게 "육체 중심의 부활" 사상을 관철해 나아갔다. 이 세상의 몸이 "썩어질 몸"이라면 부활의 몸은 "영적인 몸"이다. 여기에는 영혼불멸론이 비집고 들어올 틈새가 전혀 없다. 인간은 단지 육체로만 설명될 뿐이다(고전 15:35-54).

왜냐 하면 이 몸은 하나님이 창조하신 세계와 인간을 표현하는 가장 확실한 개념이기 때문이다. 그리고 성경은 근본적으로 처음부터 몸의 부활과 죽은 자의 부활을 말했지 영혼불멸론을 가르치지 않기 때문이다.

영혼불멸론 안에서 우리는 하나님의 어떤 모습도 발견할 수 없다. 하지만 믿는 자를 부활로 이끄시는 하나님 안에서 성도는 사도 바울이 로마서 8장 38절-39절에서 찬송한 바처럼, 현재나 장래나 우리 믿는 성도를 하나님의 사랑으로부터 끊지 아니하시고, 죽은 자를 살리시며 없는 것을 있는 것 같이 부르시는(롬 4:17) 새 창조의 하나님을 볼 수 있게 된다.

성경은 영적 부활도 언급할 뿐만 아니라(요 5:25; 엡 5:14), 몸의 부활을 분명히 가르친다. 그리스도를 부활의 첫 열매요, 죽은 자 가운데서 먼저 나신 자라고 말씀하고 있는 것은(고전 15:20, 23; 골 1:18; 계 1:5), 성도들의 부활도 그리스도의 몸이 부활한 것처럼 몸으로 부활할 것임을 의미한다.

그런데 몸의 부활체는 새로운 몸의 창조를 말하는 것이 아니라 그 영혼이 전에 살았을 때 입고 있던 그 본래의 몸이 부활한 것과 하나로 결합할 것을 뜻한다.

부활의 첫 열매인 그리스도께서 자기의 부활체가 자기의 이전 몸과 동일한 것을 제자들에게 분명히 보여 주었다(눅 24:36-43; 요 20:20). 이에 따라 후에 나타날 성도들의 부활체도 동일성을 가진 것이 확실한 것이다.

또한 부활체는 썩지 않으며 죽지 않으며 강하며 영광스러우며 신령한 몸이 되어 영원한 세계에서 알맞은 상태를 유지하게 된다 (고전 15:42-44, 50; 요일 3:2).

그러나 성경은 두 종류의 부활을 말한다. 의인과 악인의 부활이 다(단 12:2; 요 5:28-29; 행 24:15). **의인**에게는 **부활이 영생**에 이르는 계기가 되지만, **악인**에게는 **부활이 심판**의 전제가 된다.

루터는 아우구스티누스와 동일하게 의인의 부활체는 남녀의 성별은 존재하나 세속적 관습은 없으며, 완전하고 신령한 몸은 전적으로 하나님을 향한 찬양으로 넘쳐나게 될 것이며, 자신의 삶을 오직 하나님을 대면하는 것 안에서만 찾게 될 것이라고 보았다.

## ■ 영생(영원히 사는 것)을 믿습니다

영생은 영원한 삶 이전에 **하나님과 함께하는 삶**이라고 앞서 마르틴 루터는 정의했다. 조지 래드도 같은 생각을 진술한다. "영원한 생명이란 **하나님이 나의 하나님**이 되셨고 **내가 그의 백성**이 되었다는 것을 의미하며, 또한 내가 그와 함께 교제를 나누기 시작했음을 의미한다. 우리는 이미 하나님의 생명을 나누기 시작한 것이다."

하나님과 단절되었던 인간이 다시 **하나님과 화해케 됨으로써 생명의 근원이신 하나님의 생명에 참여케 된 것**이 곧 '**영생**'이다.

하나님이 어제나 오늘이나 내일이나 동일하시다는 말씀은 곧 하나님이 시간의 주(主)시라는 말이며, 예수 그리스도가 부활하셨다는 의미도 예수님이 시간의 제한을 넘어 시간의 주(主)가 되셨다는 뜻이다. 그래서 성경은 예수 그리스도를 전에도 계셨고, 이제도 계시고 또 장차 오실 자(계 1:4-8)로 소개하고, 또 그를 믿는 자에게 영생을 허락하신다(요 3:36, 17:3; 롬 5:21, 6:23; 요일 5:11)고 선포하신 것이다.

**영생**이 하나님에 의해 **영화롭게 완성된 인간의 삶**을 표현한 것이라면, 그 영생이 펼쳐지는 현장은 곧 '**하나님 나라**'이다.

영생이 하나님과 한 인간의 관계 회복을 통한 삶의 완성으로 이해되었다면, 이러한 관계의 회복과 삶의 완성이 한 개인이 아닌 전체적 우주적으로 확장된 형태가 곧 하나님 나라이다. 그런 의미에서 성경은 마지막 때의 새로워진 세상을 **"새 예루살렘"**(계 21:2, 10)으로 표현하기도 하고 또 **"새 하늘과 새 땅"**(계 21:1)으로 말하기도 한다.

새 예루살렘 성은 전능하신 하나님과 어린 양이 거하시며 오직 생명책에 기록된 자들만이 만국의 영광과 존귀를 가지고 그 안에 거할 수 있다(계 21:26-27).

새 하늘과 새 땅의 경우도 결국은 '하나님 나라'에 대한 또 하나의 설명으로서 만물을 새롭게 하시는 새 창조의 파노라마이다(계 21:5-7).

그러므로 영생은 단순히 미래적인 것이 아니라 하나님 사역의 구체적 결과라는 사실을 확인하게 되는 바 성도는 소망 가운데, **"몸의 부활과 영생을 믿습니다"**라고 확실하게 고백하게 되는 것이다.

'나' 개인과 우리 교회 모두가 바르고 충실한 부활과 영생의 증인들일 수 있기를 간구하면서.

# IV

아멘, 하나님, 그대로 이루어지이다

기독교에서 가장 짧은 단어이면서도 앞에서 언급된 모든 것을 다시 한 번 확신한다는 뜻을 가진 말이 〈아멘〉이다. 우리가 기도를 맺을 때 〈아멘〉이라고 말함으로써 우리의 기도를 하나님이 들어주셨음을 믿고 감사하는 것처럼 우리의 신앙고백을 하나님께서 받으시고 기뻐하신다는 것에 대한 믿음의 확신을 표현하는 가장 적절한 단어가 〈아멘〉이다.

아멘은 히브리어지만 원어 그대로 신·구약뿐만 아니라 기독교 만국공통어로 쓰이고 있다.

아멘은 유대인의 회당에서 상용(常用)하던 관용어(Idiom)로서 "그렇습니다", "소원입니다", "확실히 그대로 이루어지이다"라는 뜻을 가지고 있으며, 또한 유대교의 제사 의식(祭祀 儀式)에서, 공명을 표시하는 말로, 다른 사람의 말을 시인하거나 낭독한 계약, 또는 선서, 기원, 축복을 확인하는 데 응답으로 사용하기도 했다(신 27:15).

단어 상 동사로는 "확실하다", 형용사로는 "진실한", 명사로는 "진실", 부사로는 "참으로", "진실로"라는 뜻을 가진다.

이 아멘을 사용하는 방법에는 몇 가지가 있다.

① 첨부해서 쓰면 앞의 어떤 진술에 대한 동감을 표시하고(왕상 1:36), ② 단독으로 사용하면 맹세의 표시이며(민 5:22), ③ 예배

용어로서는 기도 끝에 사용한다(대상 16:36).

로마가톨릭교회는 예전에서 기도, 찬가, 축별식 등의 끝에 아멘한다. 그러나 세례 의식 말미에는 쓰지 않는다.

프로테스탄트 교회에서는 기도, 찬송, 축도 끝에 아멘으로 응답하며, 목사가 시편이나 성경을 봉독을 할 때면 아멘한다.

사도들이 보낸 편지에도 성부, 성자, 성령 하나님께 대한 송영(頌榮, Doxology)에 아멘을 첨부했다.

이렇듯 가장 짧은 단어이면서도 앞서 말한 모든 것을 다시 한번 확신할 수 있는 응답 용어가 〈아멘〉이다. 그런데 이 아멘은 '이만 끝'이라는 기호가 아니다. 우리가 종종 기도나 찬송의 마무리에 '아멘'으로 마치는 사인으로 인식하고 있는 데, 그렇지 않다. 다시 한번 앞의 말이나 찬송을 확신한다는 깊은 뜻을 가지고 있을 뿐만 아니라 〈아멘〉은 궁극적으로 예수 그리스도이심을 확인하는 용어이다.

요한계시록 3장 14절, "아멘이시오 충성되고 참된 증인이시오 하나님의 창조의 근본이시다"라는 말씀에서 〈아멘〉은 이사야 65장 16절의 '진리의 하나님'을 반영하고 있으며, 새 창조의 사역을 배경으로 한다. 하나님은 첫 창조를 회복하시고 새 창조를 이루시는 데 있어서 '아멘'이시다. 이는 예수님께서 하나님과 동등된 분이심을 보여 주는 사도 요한의 기독론이다.

그래서 제임스 모펫(James Moffatt) 박사는 "'**아멘'은 증서에 서**
**명하는 마음으로** 해야 하고 결코 무심코 무개념으로 내뱉어서는
안 된다. **진정한 마음을 모아 간절한 심정으로** '아멘'이라고 해야
할 것이다"라고 하였다.

사도신경이 처음부터 등장하는 신앙의 항목들은 하나님의 명령
에 언제나 〈아멘〉으로 이루어진 결과들이다. 천지를 창조하시는
하나님의 명령에 성경 "그대로 되니라"(창 1:7, 9, 11, 15, 24)라는
결과를 반복적으로 소개한다.

이는 하나님의 창조 명령에 피조물의 〈아멘〉으로의 응답으로 볼
수 있다. 성자이신 예수 그리스도도 "사람의 모양으로 나타나셨으
매 자기를 낮추시고 죽기까지 복종하셨다"(빌 2:8)고 말씀하심으
로써 성육신에 나타난 성자를 아멘의 응답으로 보여 준다.

성령으로 잉태된 사실을 알리는 천사에게 **동정녀 마리아**는 "주
의 계집종이오니 말씀대로 내게 이루어지이다"(눅 1:38)라고 〈**아멘**〉
**의 응답**을 했음에 주목하자.

십자가를 앞두고 역시 **성자이신 예수 그리스도**는 "내 아버지여
만일 할 만하시거든 이 잔을 내게서 지나가게 하옵소서. 그러나
나의 원대로 마시옵고 아버지의 원대로 하옵소서"(마 26:39)라고
기도함으로써 **십자가의 명령에 대한** 〈**아멘**〉**의 응답**을 보이셨다

그리고 이제 다시 오실 그리스도를 기다리는 재림 신앙 공동체

는 "내가 진실로 속히 오리라"리고 말씀하시는 주님의 약속에 **"아멘, 주 예수여 오시옵소서"**(계 22:20)로 응답한다.

이와 마찬가지로 사도신경을 맺는 〈아멘〉은 **최종적인 고백이 아니라 반복적이고 계속적인 고백**의 의미를 갖는다.

유감스럽게도 한국 교회는 '아멘'의 참 의미에는 무지한 채 무개념 무의미하게 남발하는 '아멘 콤플렉스'의 우(憂)가 도를 넘은 지 오래이다.

〈아멘〉이 함의(含意)하는 깊은 뜻을 무겁게 반응하는 신앙의 자세가 어느 때보다 필요하다.

조지 F. 헨델(George Friedrich Handel, 1685-1750)의 대표작 오라오토리오 「메시아」(Messiah)의 마지막 곡은 **아멘 송**이다.

헨델은 장장 2시간 20분의 연주 시간이 소요되는 대곡 「메시아」를 아멘 송으로 대미를 장식하는데, 이는 메시아를 마치기 위해서가 아니라 이 메시지를 접한 청중들의 공감된 응답을 불러내기 위해 아멘이라는 단 한마디의 가사를 88마디의 대합창곡으로 완성했다.

이 「메시아」의 대본 작가는 헨델의 친구 제넨스(Charles Jennens)이다. 그는 1611년도 판 흠정역 성경(King James Version)을 토대로 「메시아」 그리스도의 제1부 예언·탄생(2-21번) 21곡, 제2부 수난·속죄(22-44곡) 22곡, 제3부 부활·영생(45-53곡) 8곡 등으로 구성했고, 그 53번 끝 단어가 단 한마디 **'아멘'**이다.

그런데 헨델은 "그에게 능력과 부와 지혜와 힘과 존귀와 영광을 돌리세"로 반복되는 합창에 88마디의 '아멘'송으로 불후의 교성곡 (交聲曲, Oratorio)「메시아」를 최선의 열정과 예술성을 담아 찬양하게 작곡하였다. 마찬가지로 하나님을 경외하는 예배자인 우리 역시 사도신경의 각 항의 모든 신앙고백을 눈 부릅뜨고 읽으면서 오직 **'아멘'**이라는 고백 외에 달리 표현할 길이 없다는 마음이 생동해야 우리 예배자의 신앙은 올곧다 할 것이다.

이단과 세속주의가 창궐한 이 시대에 사도신경의 의미를 되살리자.

**"아멘, 하나님, 그대로 이루어지이다".**

# 에필로그

## 지금, 왜 사도신경인가?

필자는 열네 차례에 걸쳐 사도신경에 담긴 기독교 핵심 교리를 석의(釋義)하였다. 사도신경은 그리스도인들이 믿는 바를 간결, 명료하게 진술한 고백서이다. 이 신경은 시대와 연령과 교육 수준을 넘어 어느 곳 어느 누구에게나 의미와 가치를 전달해 줄 수 있는 기독교 신앙의 가장 기초적 교리서이다. 그러나 오늘날 한국 교회는 신앙고백을 잃어버린 교회와도 같다. 교회에서 사도신경이 예배에서 배제, 무시되고 있고, 설령 예배 중 사도신경을 고백한다 해도 그 의미와 중요성이 제대로 강조되지 못하고 있는 실정이다. 초대 교회의 선조들이 세례자 교육 및 예배시의 사용과 더불어 발전되고 강조한 반면, 오늘날에는 더 이상 신경이 지시하고 있는 신앙적 및 신학적 동의가 많은 부분에서 포기되고 부인되고 있는 상황이다. 특히 3년 여에 걸쳐 온 세계 질서를 바꿔버린 코로나 19의 팬데믹 이후 예외 없이 교회도 큰 변혁기를 거치고 있다. 그동안 한국 교회는 제자 훈련, 성경공부 교육, 전도 훈련 등 많은 교육 프로그램 운용을 유보 상태로 두었고, 과거의 교회가 했던 것처럼 교리 교육이나 요리문답 교육 역시 거의 위축 상태이다. 한 사람의 교인이 세워지기까지 어떤 교회 교육이 이루어지고 있는지를 살펴보면 교회 교육의 현주소를 정확하게 인식하게 될 것이다. 따라서 예수를 믿는다고는 하지만 무엇을 믿는지에 대한 이해가 상당 부분 불투명해짐으로써 많은 교회들이 결국은 자기중심적 교인을 양산해 내고 있다 해도 과언이 아니다. 이와 같은 문제는 비단 한국 교회만의 문제가 아니라 한국인 선교사가 파송된 피선교지에까지 동일한 문제로 적용되고 있다. 이른바 열린 예배(구도자를 위한 집회), 최영기 목사의 가정교회가 한국에 상륙하면서 전통적인 개혁 교회 예배를 파괴하기에 이르렀다. 신경(信經) 사용을 거부하는 교회가 미국의 침례교회이다. 척 스미스, 릭 워렌, 빌 하이벨스, 조엘 오스틴, 최영기 등이 침례교회 목사들이다. 그들은 오직 하나님에 관한 것으로 가득차야 하기에 사람이 만든 신경을 사용하지 않는다고 주장한다. 이단이 아니더라도 침례교회가 이러한 태도를 취하고 있는 것은 아무리 하나님을 향한 열심에서 우러나왔다 하더라도 사도들이 성경에서 추출한 교리를 거부한다는 극단적인 태도임에 틀림없다. 이 잣대를 들이대면 예배 순서 중 남게 되는 것은 '성경 봉독'뿐이지 않겠는가? 기도, 찬송(찬양), 강설, 헌상 등은 모두가 인간이 만들고 행함인 것이므로 이들에 대해서도 적용해야 형평성이 맞는 것이 아니겠는가? 성시 교독(송)은 성전과 회당 예배에서, 신경은 초대 교회에서부터 전수되어온 아름다운 예배 전통으로 빛났으며, 건전한 교리를 통해 창출되는 경외감은 성도들의 심령을 충만케 하는 예배로 이끌었다. 교리는 성경에서 나온다. 성경은 우리가 믿어야 할 바를 집대성한 하나님의 말씀이다. 성경에서 교리를 찾지 못하면 그 어떤 것도 찾지 못할 것이다. 물론 교리(Doctrine)와 교의(Dogma)는 구별된다. 교의는 교리에서 파생되었고, 교의는 각 시대의 교회가 각종 이단 사조에 대항하여 불변하는 기독교 교리를 새롭게 고백한 진리이기 때문이다. 그러한 의미에서 교의는, 그리고 교의를 명문화한 신경은 성경을 하나님의 말씀으로 고백한 각 시대 교회의 신실한 고백이다.

기독교 신앙은 마음으로 믿고 내면적으로 확신하는 데 그치지 않으며 반드시 외적으로 입으로, 삶으로 시인해야 한다. 여기 '**시인하다**'(호모로게오, ὁμολογέω)란 '**공개적인 고백**'을 뜻한다. 그래서 사도 바울도 로마서 10장 9-10절에서 입으로 하는 고백의 중요성을 다음과 같이 말한다. "네가 만일 네 입으로 예수를 주로 시인하며 또 하나님께서 그를 죽은 자 가운데서 살리신 것을 네 마음에 믿으면 구원을 받으리라. 사람이 마음으로 믿어 의에 이르고 입으로 시인하여 구원에 이르느니라." 그러므로 현재 우리가 고백하는 사도신경은 신약 교회의 기초가 된 사도들의 신앙고백에서 기초하여 작성된 신경이라는 사실 만큼은 분명하다. 전술한 바 있거니와 이 신경은 삼위일체 구조, 즉 삼위 하나님에 대한 고백이다. •성부 하나님께는 창조와 섭리를 고백한다. •성자 하나님께는 동정녀 탄생, 십자가와 고난, 음부 강하, 부활, 승천, 그리고 하나님 보좌 우편 좌정, 산자와 죽은 자를 심판하러 오심을 고백한다. •성령 하나님께는 '성령을 믿음으로' 거룩한 공교회, 성도의 교제, 죄 용서, 육신의 부활, 영생을 누리게 하신다고 고백한다.

최근에 한국 교회는 사도신경을 새롭게 번역했다. 이 새 번역의 가장 큰 기여는 기존의 신경이 서술형으로 번역되어 확실한 의미 전달이 약한 점에 비해 새 고백서는 삼위일체 구조가 분명하게 드러나게 번역되었다는 점이다. 라틴어의 원문에 따라 삼위의 각 위를 '나는 믿습니다'라고 세 번에 걸쳐 분명하게 고백하고 있다. 그러나 번역에 미흡한 점도 있다. '아버지 하나님', '본디오 빌라도에게', '몸의 부활'이라는 오역을 그대로 고수하고 있기 때문이다. 사도신경 원문은 '아버지 하나님'이 아닌 '하나님 아버지'이다. 창조주 하나님을 나의 하나님과 나의 아버지로 믿는다는 것은 "그 하나님이 나의 생사화복을 주관하시며, 내 몸과 영혼에 필요한 것은 무엇이나 공급해 주시리라는 것"을 믿는 것이다. "두려워하지 말라 너희는 많은 참새보다 귀하니라"(마 10:31)고 말씀하신 예수님의 가르치심은 하나님께서 이 세상을 지으셨음을 믿는다고 하면서 막상 자신의 구체적인 문제에 대해 그 하나님이 전혀 관계하지 않는 듯이 생활하는 것은 창조 신앙이 없다는 뜻이다. 들의 백합화의 아름다움과 그것이 어떻게 자라나는지를 바라보면서 "오늘 있다가 내일 아궁이에 던지우는 들풀도 하나님이 이렇게 입히거든 하물며"(마 6:28-30), 예수 그리스도로 말미암아 하나님의 자녀로 삼으신 우리에게는 얼마나 더하실까를 생각하고 믿는 이가 창조 신앙을 가진 자요. 창조주 하나님을 나의 아버지로 모셨기에 "목숨을 위하여 무엇을 먹을까 무엇을 마실까 몸을 위하여 무엇을 입을까" 염려할 필요가 없는 신앙인 것이다(마 6:25-31). 또한 성육신하신 그리스도의 삶 전체가 '고난'(suffering)이었다. 영광의 주께서 우리를 위해, 우리를 죄의 세력과 권세에서 풀어 주시기 위해 이 세상에 오셔서 우리 죄인의 자리에 서시어 고난을 당하셨다는 것이 복음의 핵심이다. 그러므로 그리스도의 **고난**은 우리 죄인을 향하신 하나님 '**사랑의 극치**'라고 말할 수 있다. 그런데 우리 사도신경은 결정적인 재판 과정에서 그리스도께서 본디오 빌라도**에게만** 고난을 받으신 것으로 오해하기 쉬운데 그렇지 않다. 세상 재판관들에게도 공적으로 재판을 받으셨다. 그런 뜻에서 '**본디오 빌라도 아래서**', 또는 '**본디오 빌라도 치하에서 고난을 받으셨다**'라고 의역해야 옳은 고백이 된다.

끝으로 필자는 예배에서의 신앙고백은 공교회적인 전통이라는 점을 확실히 심어 주고 싶다. 우리는 신약 성경을 통해 초대 교회가 이미 다양한 신앙고백을 사용했음을 확인할 수 있다. 고린도전서 15장 3-8절, 빌립보서 2장 5-11절, 요한계시록 5장 9-13절이 그 대표적인 예라고 할 수 있다. 그리스도의 죽으심과 부활, 예수 그리스도의 낮아지심과 높아지심을 고백하고, 죽임을 당하신 '어린 양'을 찬송한 것이 초대 교회의 예배 속에 자리 잡았음은 너무나 당연한 귀결이었다. 교회는 처음부터 '고백하는 교회'였다. 그렇다면 당연히 예배에 고백하는 요소가 포함되는 것이 마땅하다. 예배는 영이신 하나님을 위한 시간이다. 예배자를 초청하시는 하나님께 초점을 맞추는 예배가 되어야 한다. 헬라어 프로스퀴네오(προσκυνεω, 요 4:20, 23, 24; 행 24:11)는 경외심을 가지고 "(~앞에) 나아가 무릎을 꿇다." "(~에게 절하며) 경의를 표하다."는 의미를 갖는다. 무념무상으로 종교의식에 나를 맡기거나 외적으로 거룩한 모습을 유지하는 것이 예배가 아니라 영이신 하나님의 이끄심에 경외로움으로 응답하여 그분께 나아가 온 마음과 정성을 다하여 높이고 경배하는 의식이 예배이다. 그러므로 교회 공동체는 예배의 요소와 순서를 통해 자신을 하나님이 왜 부르셨으며, 부르신 그 은혜에 어떻게 응답하며, 삼위 하나님께 어떻게 영광을 돌려야 하는가를 하나의 분명한 논리와 흐름을 가지고 고백해야 한다. 하나님과 예배자 간의 가장 중요한 연결고리가 '자기 고백'의 시간이며 '사도신경'의 고백이다. 따라서 삼위 하나님을 향한 첫사랑을 잃지 않는 상태로 계속해서 유의미하게 고백을 한다면 우리의 예배가 가장 활력이 넘치는 예배가 될 것이며, 이단의 준동과 포스트모더니즘의 유혹도 능히 극복하는 삶의 예배자로서 세상을 능히 이기고 산 예배로 충만할 것이다.

# 크레도, 나는 믿습니다

초판 1쇄 발행 2024년 4월 2일

지은이      이성재
펴낸이      이기봉
편집        홍현희, 좋은땅 편집팀
표지디자인   조세라
펴낸곳      도서출판 좋은땅
주소        서울특별시 마포구 양화로12길 26 지월드빌딩 (서교동 395-7)
전화        02)374-8616~7
팩스        02)374-8614
이메일      gworldbook@naver.com
홈페이지    www.g-world.co.kr

ISBN   979-11-388-2884-0 (03230)